L'argent secret du foot

Jean-Louis Pierrat
Joël Riveslange

L'argent secret du foot

Plon

© Plon, 2002
ISBN 2-259-19717-5

Avant-propos

Sur les pelouses sud-coréennes et japonaises de la Coupe du monde, qui commence le 31 mai par un passionnant France-Sénégal, le ballon va voyager entre les pieds d'artistes millionnaires en euros, et on oubliera sans doute, le temps de quelques gestes magiques, le bruit assourdissant des tiroirs-caisses. Les Bleus venus d'Espagne, d'Italie et d'Angleterre vont unir leurs efforts à ceux de leurs rares camarades restés au pays pour tenter de conserver la couronne mondiale conquise le soir du 12 juillet 1998 face au Brésil (et un, et deux, et trois... zéro), dans un Stade de France en délire et devant plus de deux milliards de téléspectateurs. Ce triomphe a fait d'eux des hommes riches. Un doublé les ferait entrer définitivement dans la légende, ce qui n'a pas de prix. Sauf pour TF1 qui a misé plus d'un milliard de francs pour acquérir l'exclusivité de la retransmission des soixante-quatre matchs du prochain Mondial et de vingt-quatre rencontres de celui de 2006, et qui ne peut espérer gagner un peu d'argent que si l'équipe de France tient ses promesses.

Au moment où ce cher football, sport le plus populaire de la planète, s'apprête à tenir son grand rendez-vous quadriennal avec une prime de 50 millions de francs versés par la Fifa à l'équipe victorieuse, les voyants virent pourtant au rouge. Partout en Europe, sous le double effet de l'arrêt Bosman, qui a aboli les frontières européennes fin 1995, et de la concurrence effrénée entre les chaînes de télévision, les budgets des clubs ont explosé, les salaires des joueurs ont atteint des sommets historiques, les transferts des stars — Anelka du Real au PSG ou Zidane de la Juventus au Real, par exemple — ont bouleversé le sens commun des valeurs. Cet âge d'or, pendant lequel se sont principalement enrichis les télés, les footballeurs, leurs agents et les intermédiaires en tout genre, est sans doute terminé. Les clubs tirent la langue, et pas seulement en France où la situation est dramatique avec un déficit cumulé de près de 2 milliards de francs en 2000-2001 pour la division 1. Deux raisons majeures : l'inflation délirante de la masse salariale et une balance très négative sur les transferts. Il n'y a jamais eu autant d'argent dans le football — pour le monde entier, le chiffre d'affaires de ce secteur économique atteindrait les 1 600 milliards de francs, soit l'équivalent du budget de l'Etat français — mais jamais non plus autant de comptes dans le rouge. Cherchez l'erreur...

L'avenir s'annonce d'autant moins rose que la télévision, principale vache à lait de tout le système, va forcément mettre un terme à l'escalade des droits de diffusion. En Allemagne, avec la faillite de KirchMedia, en Angleterre, en Italie et en Espagne, la crise est déjà là. Et il est pratiquement certain, aujourd'hui, que la renégociation des droits du championnat français de D1, qui débutera avant fin 2002, douchera les rêves de la Ligue nationale et des clubs. Le réveil s'annonce difficile. Il va leur falloir, d'urgence, freiner leurs dépenses et trouver de nouvelles ressources pour tenter d'exister sur la scène européenne, où les règles ne sont malheureusement pas toutes les mêmes, et continuer à donner du bonheur à des supporters qui n'ont jamais été aussi nombreux.

Cet ouvrage n'a pas pour objectif de brocarder l'argent du foot. Accuse-t-on le cinéma de faire des films chers et ses vedettes de toucher d'énormes cachets ? Fustige-t-on les revenus mirobolants des stars de la chanson ? Pas de dénonciations ni d'*a priori* idéologiques, donc, mais une plongée au cœur d'un sport-spectacle où le secret règne encore souvent en maître.

1

Tout le monde veut profiter des Bleus

Cinq petites minutes. Malgré la pluie qui noie depuis le matin la région parisienne, malgré le fond de l'air très frais, c'est le peu de temps qu'il faut aux 75 000 spectateurs du Stade de France pour entamer une « ola » qui ne s'arrêtera qu'à la fin du match. En ce 13 février 2002, veille de la Saint-Valentin, c'est France-Roumanie dans la nouvelle « cathédrale » de Saint-Denis. C'est surtout jour de rentrée pour les Bleus de Zinedine Zidane, à tout juste trois mois et demi de France-Sénégal, match d'ouverture de la Coupe du monde 2002, le 31 mai à Séoul.

Patrick Vieira a donné l'avantage aux champions du monde après quelques secondes de jeu. Cela tombe bien. Le milieu de terrain des Canonniers d'Arsenal est en effet au centre de tous les commentaires, l'objet de tous les paris. A Londres, il a doublé son salaire cette saison et touche plus de 2 MF * (305 000 euros) net par mois. Cela ne semble pas suffisant pour le retenir en Angleterre. Depuis plusieurs semaines, il est le grand favori des bookmakers pour monter sur la plus haute marche d'un podium un peu particulier : celui qui honorera les trois plus gros transferts de l'été 2002. Le Real Madrid veut Vieira et est prêt à commettre de nouvelles folies financières, un an après avoir débauché Zidane de la

* Millions de francs.

Juventus de Turin pour plus de 507 MF (77,29 M€ *, soit le prix d'un Airbus A321), et deux saisons après avoir arraché l'international portugais Luis Figo au FC Barcelone pour 405 MF (62 M€). Mais Vieira, ancien minot de l'AS Cannes comme Zinedine Zidane, garde la tête froide et bien posée sur ses épaules, qu'il a larges. Il aime Londres, Arsenal, le foot et la vie anglaise. Arsène Wenger, le manager français des Gunners, est prêt à revoir de nouveau son salaire à la hausse, à le hisser au niveau des rêves madrilènes. Vieira veut disputer la Coupe du monde l'esprit tranquille, sans avoir à se préoccuper de son avenir. Alors, promis, juré, Vieira va rester à Arsenal...

Vieira, Zidane, mais aussi Thuram, Pires, Henry... Il y a de l'or sur la pelouse du Stade de France. Face à eux, les petits hommes jaunes venus de Roumanie font figure de smicards du football. Mais pendant que les stars se congratulent, le spectacle s'est déplacé dans les travées du temple dionysien. Cette vingtième rencontre des champions du monde dans leur stade fétiche est fidèle aux précédentes. Le Stade de France n'est pas une enceinte comme les autres et pas seulement à cause de son coût (2,55 milliards de francs, 390 M€). C'est un lieu où l'on produit un spectacle, essentiellement sportif. Rien à voir avec le Parc des Princes, le stade Félix-Bollaert de Lens ou le Stade Vélodrome à Marseille. On va aussi (surtout ?) à Saint-Denis pour les paillettes, les sunlights, pas seulement pour les odeurs de pelouse ou d'embrocation. Il est de bon ton de se montrer dans les tribunes, sourire aux lèvres et lunettes de soleil sur le haut du crâne.

Pour ce France-Roumanie amical, les tribunes officielles grouillent de personnalités. Le président de la République, Jacques Chirac, a retrouvé sa place de supporter numéro 1 des Bleus. Avant le coup d'envoi, il a devisé gentiment avec les ministres communistes Marie-George Buffet (Jeunesse et Sports) et Jean-

---

* Millions d'euros.

Claude Gayssot (Transports) auquel il a discrètement montré sa petite laine censée le protéger de la fraîcheur ambiante. Le premier personnage de l'Etat a ignoré, du moins publiquement, ses « amis » de l'opposition Philippe Séguin et François Bayrou... Le président de la République n'est pas encore candidat à sa succession, mais il peaufine sa campagne. Non loin de Jacques Chirac, les « hauts personnages » du football français sont également aux premières loges. Il y a là Claude Simonet, le président de la Fédération française. Et Gérard Bourgoin, aussi, son homologue de la Ligue nationale. L'ancien roi du poulet, poursuivi par les justices française et canadienne, exhibe sa carrure de rugbyman et son sourire commercial qu'il oppose sans état d'âme aux esprits critiques, tous les jours plus nombreux. Derrière lui, son grand ami Gérard Depardieu observe ses voisins. Les deux hommes partagent une passion pour le football, la Bourgogne, les bons vins. Dans un stade, ils sont inséparables, comme à l'époque où Bourgoin fourbissait ses armes à l'Abbé-Deschamps, l'antre de l'AJ Auxerre, sans doute le club le plus riche de France. Perdu dans ses pensées, Michel Platini ne quitte pas le terrain des yeux. Autour de lui, la tribune présidentielle a fait le plein. Dans l'espace réservé aux invités de TF1, la « chaîne de la Coupe du monde 2002 », c'est également l'effervescence. Julien Clerc, Nagui ou Patrick Bruel, habitués, eux, du Parc des Princes et des matchs du Paris-Saint-Germain, ne sont pas là, mais quelques stars font bloc autour de Laurent Blanc, nouveau consultant de la chaîne privée. Jean-Pierre Pernaut est joliment accompagné. Mais il est moins assidu que Véronique Genest au passage de la « ola ». La commissaire de *Julie Lescaut* n'hésite pas à se lever, bras tendus vers les nuages, avant d'encourager bruyamment « Zizou », parti dans un numéro de dribbles, beaucoup plus bas, là-bas, sur la pelouse. Emmanuel Chain, le présentateur de « Capital » sur M6, est bien plus sage. Sans doute est-il venu rencontrer quelques acteurs de la vie économique pour enrichir ses futures émissions. Quelques rangs devant lui, Laurence Boccolini s'est isolée, en couple. L'inimitable animatrice du « Maillon faible » est fidèle à son image : impassible dans son grand manteau noir...

Hommes politiques, stars du cinéma, vedettes de la télévision, chefs de grandes entreprises, rois de la publicité : le cercle des admirateurs intéressés s'est agrandi autour des acteurs du football depuis le 12 juillet 1998 et le sacre de l'équipe de France face au Brésil (3-0), en finale de la Coupe du monde. Les joueurs sont devenus des multimillionnaires recherchés, adulés, enviés. Leurs dirigeants font du vrai business et ne s'en cachent plus. Entre les deux, les entraîneurs ont des salaires princiers et aiment à jouer les managers d'entreprise. Les agents des joueurs gravitent d'un groupe à l'autre, brassant des millions d'euros. C'est tout un monde qui s'est mis en place et qui s'enrichit, solidaire à défaut d'être exemplaire.

Le Stade de France, théâtre d'un France-Ecosse, d'un France-Russie et encore d'un France-Belgique avant le Mondial, est un écrin à la dimension de ces personnages à l'ego surdimensionné et aux comptes en banque repus. Inauguré dans un froid glacial le 28 janvier 1998, avec une première victoire de la France face à l'Espagne (1-0, but de Zidane) et en présence de 78 834 spectateurs privilégiés, le « SdF » est un joujou qui a coûté cher (environ 20 francs par Français), mais qui est rentable. De mai 1995 à novembre 1997, soit trente et un mois de travaux, il a occupé 1 300 ouvriers et nécessité un million d'heures de travaux de gros œuvre. Depuis sa mise en service en 1998, l'Etat, *via* le ministère de la Jeunesse et des Sports qui a sous tutelle le Stade de France, doit verser 70 MF (10,67 M€) par an au consortium qui le gère et ce pendant encore vingt ans. C'est le gouvernement d'Edouard Balladur qui a signé, le 29 avril 1995, le traité de construction-concession par lequel il s'engage à verser cette somme forfaitaire au titre de dédommagement pour la non-présence d'un club résidant. Bouygues, la SGE et Dumez constituent le consortium et ont chacun un tiers des 150 MF (22,8 M€) du capital social. Pour l'exercice 1999-2000, le Stade de France a réalisé 380 MF (58 M€) de chiffre d'affaires et un bénéfice avant impôt de 42 MF (6,4 M€). De janvier 1998 à décembre 2001, 5 261 084 spectateurs ont garni les tribunes du « chef-d'œuvre » des architectes Macary et Zublena. Une centaine de personnes travaillent tous les jours sur le site, sans compter les employés des sous-traitants.

Cette infrastructure unique en France méritait une équipe à sa mesure. Le miracle a eu lieu à l'été 1998 et, même si les stars bleues évoluent au quotidien hors de l'Hexagone, dans des clubs qui ont les reins plus solides financièrement que les nôtres, elles se retrouvent toujours avec plaisir à Saint-Denis. Les spectateurs du « SdF » ne sont sûrement pas de vrais supporters de football, mais ils aiment à communier avec leurs idoles. La tonsure de Zinedine Zidane n'en est pas une à leurs yeux. C'est une auréole. Le sourire carnassier de « cap'tain » Desailly rend hystériques les jeunes spectatrices, de plus en plus nombreuses, au même titre que la barbichette de mousquetaire exhibée par le malheureux Robert Pires, blessé à deux mois du Mondial. Les jambes de Thierry Henry valent de l'or et elles sont vénérées. Tout le monde rêve de baiser le crâne chauve de Fabien Barthez ou de consoler Christophe Dugarry, le *calimero* des champions du monde.

Le football français vit au-dessus de ses moyens, c'est une certitude. Mais avant le crash que beaucoup prévoient comme inévitable, il fait rêver les fans, érige ses meilleurs joueurs en stars absolues, rend puissants ses dirigeants, attire les sponsors, constitue un spectacle à ne manquer sous aucun prétexte pour tous ceux qui, d'une manière ou d'une autre, ont besoin que l'on parle d'eux. Ce phénomène est nouveau en France, terre d'un football longtemps dédaigné. En Italie, en Espagne, en Angleterre, voire en Allemagne, le sport le plus pratiqué au monde fait partie de la culture. On va supporter son équipe comme on va à la messe. Un Milanais est

« interiste » ou « milaniste ». De naissance. On « est » Real ou Barça au pays de Picasso. On vide le bas de laine pour intégrer le kop d'Anfield Road, à Liverpool, ou s'abonner à Old Trafford et supporter Manchester United, club le plus riche du monde. En France, l'engouement pour les Bleus n'est-il qu'un phénomène de mode ? En attendant, bien plus que Raymond Kopa ou Michel Platini à leurs époques respectives, les Français s'identifient à Zinedine Zidane. En 1999, « Zizou » a été élu personnalité de l'année par ses compatriotes. Devant l'abbé Pierre ou Johnny Hallyday.

2

L'argent des champions du monde

C'était il y a vingt-quatre ans, autant dire un siècle. La Coupe du monde 1978 en Argentine, sous la dictature du général Videla. A l'époque, Adidas est déjà le partenaire de la Fédération française (FFF) et des Bleus. Mais seuls Marius Trésor et Henri Michel sont sous contrat individuel avec la marque aux trois bandes. Ils touchent 500 F par mois. Les autres, rien. Ils ne trouvent pas cela ni très normal ni très juste. Michel Platini, Dominique Bathenay et les autres décident donc de passer un coup de cirage supplémentaire sur leurs chaussures pour effacer les signes distinctifs du sponsor. Scandale. Les joueurs obtiendront quelques billets, pour dire. C'est de la préhistoire, avant l'arrivée de Jean-Claude Darmon dans le circuit. En 1978, il avait été écarté de la société Promo-Foot, coopérative ouvrière créée par l'Union nationale des footballeurs professionnels (UNFP) de Philippe Piat pour commencer à faire profiter les joueurs de la manne publicitaire.

A partir de 1982, tout change. Darmon convainc Fernand Sastre et Jean Sadoul, patrons de la FFF et de la Ligue, de le laisser prendre les choses en main. Il s'associe avec Piat et l'agent Bernard Genestar dans la société Football France Promotion (voir le chapitre : « Comment Darmon est devenu milliardaire ») pour commercialiser l'image des Bleus. Pour la Coupe du monde en Espagne, elle génère un chiffre d'affaires de

11 MF. Les vingt-deux joueurs de l'équipe de France plus le staff s'en partagent un bon tiers, après leur quatrième place derrière l'Italie, l'Allemagne (ah, Séville...) et la Pologne. La part augmente encore pour l'Euro 1984, gagné par les Bleus, en France, après une finale contre l'Espagne (2-0, buts de Platini et Bellone). Ils encaissent aussi une prime de victoire de 600 000 francs chacun. Ça devient intéressant mais c'est sans commune mesure avec l'explosion de 1998. Et de l'après-1998.

Pour la Coupe du monde française, les annonceurs se bousculent dans le bureau de Darmon. Les trois top sponsors, Adidas, Canal Plus et Opel, plus les quarante-cinq autres partenaires et fournisseurs, apportent un total de 118 MF dans les caisses de Football France Promotion. Ils ne le regrettent pas. Les Bleus deviennent champions du monde. La prime de victoire avait été discutée bien en amont de la compétition entre Claude Simonet, président de la FFF, et les cadres de l'équipe, dont le capitaine Didier Deschamps. Ils avaient décidé qu'ils ne toucheraient rien s'ils n'atteignaient pas au moins les demi-finales. Et avaient fixé la prime de titre mondial à 1 MF. La prime Adidas avait été pareillement négociée, avec, en plus, Darmon autour de la table : 500 000 francs chacun pour la victoire.

Au final, les vingt-deux Bleus plus Aimé Jacquet, Roger Lemerre, Henri Emile, Philippe Bergeroo et le docteur Jean-Marcel Ferret ont encaissé, chacun, un total d'environ 4 MF : 1 MF de la FFF, 500 0000 francs d'Adidas et leur part sur les contrats de sponsoring, environ 2,5 MF par personne.

Champions du monde ! Devant 25 millions de téléspectateurs réunis par TF1 et Canal Plus ! Les Bleus ne sont plus seulement des footballeurs talentueux qui ont fait leurs preuves sur le terrain. Ils accèdent au rang de héros populaires, Zidane devient la personnalité la plus aimée des Français, tout le monde veut tout savoir sur ces joueurs sympas et intelligents qui font leur entrée dans l'imaginaire collectif. A titre individuel, ils croulent très vite sous les sollicitations. Les annonceurs se les arrachent. Fabien Barthez tourne, en une demi-journée, une pub pour McDo : 1,5 MF. Robert Pires se lève pour Danette : 800 000 francs. Ils en croquent presque tous et Zizou, évidemment, encore plus que les autres. Il refuse 80 % des sollicitations mais accepte, par exemple, un reportage photo dans *Ola !* pour 1 MF. Les contrats sont revalorisés de plus de 30 % par rapport à l'avant-1998. La moindre participation à un séminaire ou à une inauguration est facturée 50 000 francs la demi-journée.

L'aura des Bleus a considérablement accru les recettes de sponsoring de la FFF pour la campagne 1998-2002. Il faut bien comprendre deux choses. D'abord, Football France Promotion, incluse dans le nouvel ensemble Sportfive, ne fait pas du coup par coup et ne commercialise pas, par exemple, l'Euro 2000 ou le Mondial 2002. Le partenaire historique des Bleus signe chaque fois pour des périodes de quatre ans avec la FFF. Il vient d'ailleurs de remporter l'appel d'offres de la Fédération pour la période 2002-2006, Mondial en Allemagne inclus, au détriment de son concurrent, Havas Advertising Sports. Les annonceurs qu'il associe à l'image des Bleus viennent, au minimum, pour deux ans chaque fois. Evidemment, ils ne versent pas la même somme les années sans compétition, comme 2001, et les années avec.

Ensuite, l'argent ramassé par Football France Promotion (Sportfive), commission de 15 % à 17 % déduite, ne repart pas directement dans la poche des joueurs. Loin de là, même s'ils en touchent une grosse partie : 35 %. Cet argent figure au budget de la FFF, au chapitre « Produits ». Au même titre que les redevances télé (droits de retransmissions des Equipes de France et de la Coupe de France, également l'apanage de Sportfive), la subvention du ministère de la Jeunesse et des Sports (25 MF en 2000-2001), et les recettes de billetterie.

Pour 2000-2001, le budget de la FFF a atteint 811 MF, beaucoup plus que prévu au départ (590 MF). Les Bleus ayant en effet gagné l'Euro 2000 et la Coupe des confédérations en 2001, l'UEFA et la Fifa (Fédération internationale de football association) ont versé près de

180 MF à la FFF. Avec ce budget, la Fédération, qui compte 2 150 000 licenciés dont 40 000 filles, rétribue ses 7 000 salariés, forme des éducateurs (19 000 personnes par an) et des arbitres, gère tout le football amateur — 20 000 clubs, une trentaine de compétitions nationales, 35 000 matchs par semaine —, finance le Centre technique national de Clairefontaine, s'occupe de la préformation des jeunes (sept centres fédéraux pour les 13-15 ans, cent quarante ados reçus chaque année au concours d'entrée) et, enfin, gère toutes les sélections nationales, des A aux moins de 17 ans (champions du monde en 2001) en passant par les militaires et l'équipe de France féminine.

En 2001, le marketing des Bleus a rapporté 202 MF, hors Adidas, partenaire de la FFF depuis trente ans, qui verse son obole en partie en cash et en partie en équipements. (Le total représenterait près de 40 MF par an — 6 M€.) Pour 2002, c'est plus de 250 MF (38,1 M€) que Sportfive fera entrer dans les caisses de la Fédération, soit plus de deux fois les revenus de 1998, et vingt-cinq fois ceux de 1982. Car devenir partenaire des Bleus coûte de plus en plus cher. Impossible pour une société d'envisager quoi que ce soit à moins de 4 MF par an. Et puis les stars tricolores ne veulent pas qu'on vende leur image à n'importe qui. « Ils sont très à cheval là-dessus, dit Darmon. Et ils ne veulent pas une inflation du nombre des sponsors. » Déjà que Clairefontaine, lors des stages d'avant-match des Bleus, ressemble à une vaste foire avec cocktails, tournages divers, visites de VIP, opérations publicitaires... Les marchands ont envahi le sanctuaire.

Ces sponsors sont classés en quatre catégories :

— Les top sponsors. Ils sont quatre : Adidas, Canal Plus, Carrefour et LG, une entreprise sud-coréenne d'électronique grand public qui possède une équipe de D1 à Séoul. Ces trois derniers paient plus de 25 MF (3,81 M€) par an, Adidas constituant un cas particulier, on l'a vu. Pour ce prix-là, leur logo peut figurer sur tous les équipements des Bleus (hors tenue de match) et, lors des interviews télévisées, la marque est bien en vue, au centre du panneau qui, immanquablement, sert de toile de fond au joueur interrogé. Ils ont aussi le droit d'utiliser l'image collective de l'équipe pour leurs pubs, y compris à la télévision.

— Les partenaires officiels. Pas de logo sur les équipements mais ils peuvent aussi communiquer avec l'image collective et organiser des jeux-concours pour faire gagner des billets de stade et des opérations de relations publiques. Ils versent de 4 MF (610 000 euros) à 10 MF (1,5 M€) par an. Dans cette catégorie, on trouve La Poste, Fuji, Coca-Cola, Cegetel (SFR), Nestlé, Procter & Gamble... Chaque cas, chaque contrat est spécifique. La Poste, par exemple, utilise essentiellement ce partenariat pour des opérations de communication interne, SFR est beaucoup plus tourné vers le grand public. Partenaire particulier : TF1, détenteur des droits de retransmission des matchs amicaux des Bleus et de la Coupe de France pour environ 210 MF en 2002. Et qui a produit, avec Vivendi Universal, l'hymne officiel de l'équipe de France, interprété par Johnny Hallyday.

— Les fournisseurs officiels, comme Neptune, Lu, Façonnable (les costumes des Bleus), Kindy ou Bic. Leur obole varie de 1 MF (152 000 euros) à 3 MF (460 000 euros).

— Les licenciés. Ils ont le droit de fabriquer des T-shirts, des briquets, toute sorte de gadgets sous licence FFF.

A l'issue de la Coupe du monde, et quel qu'en soit le verdict, les vingt-trois joueurs et le staff tricolore, Roger Lemerre en tête, se partageront 35 % de ces 250 MF. Un beau pactole généreusement distribué par des sponsors qui, il ne faut surtout pas l'oublier, y retrouvent aussi largement leur compte, en termes de notoriété comme en termes de chiffre d'affaires.

Ces sommes, les Bleus ne les mettront pas en banque, sous leur nom, comme un vulgaire salaire soumis aux charges sociales et à l'impôt. Pour encaisser cet argent directement lié à leur droit d'image, ils ont tous leur société, basée en France ou à l'étranger pour ceux qui évoluent, en club, hors de l'Hexagone. Elle leur sert aussi à toucher la rétribution de leurs contrats indivi- duels — Desailly avec SFR, Lizarazu avec Lu, Henry avec Coca-Cola ou Pires avec Petrol Hahn. Pour ces pubs à titre personnel, les joueurs ne doivent pas porter le maillot de l'équipe de France.

La prime de résultat, négociée et entérinée avant le France-Russie du 17 avril dernier par Marcel Desailly, capitaine et représentant des joueurs, et Claude Simo- net, président de la FFF, sera, elle, considérée comme un salaire. En cas de doublé historique le 30 juin 2002, chaque Bleu touchera environ 2 MF (300 000 euros). Adidas devrait verser, en plus, près de 1 MF (152 000 euros). La FFF pourra très facilement consentir cet effort pour lequel elle a, de toute façon, souscrit une assurance : la richissime Fifa lui octroiera, en cas de vic- toire, la somme de 52,42 MF (8 M€). Par rapport au Mondial 1998, la Fédération internationale a augmenté de 51 % les indemnités versées aux trente-deux équipes qualifiées. Chaque sélection touche ainsi 6,75 MF (1,03 M€) pour chaque match disputé lors du premier tour. Rien que pour être là, en Corée du Sud et au Japon, chacune des trente-deux fédérations encaisse 4,5 MF (690 000 euros). La Fifa prend également en charge tous les frais de déplacement, en classe affaires.

Les subsides de la maison mère au niveau mondial amélioreront franchement l'ordinaire et feront exploser le budget 2001-2002 de la FFF, prévu à 623 MF. Elle aura largement de quoi financer les éliminatoires de l'Euro 2004 — transport, assurances, organisation des matchs — et rétribuer les Bleus. Il faut savoir, en effet, qu'un international touche une indemnité de présence (soumise aux charges sociales et à l'impôt) chaque fois qu'il est convoqué par le sélectionneur, pour un match amical comme pour un match de compétition. En 2000-2001, la FFF a ainsi dépensé 27 MF. Ça augmen- tera bien sûr pour les prochaines campagnes, comme augmenteront les contributions des sponsors. Darmon rêve de multiplier par deux son chiffre d'affaires pour 2006. D'ici là, les salaires des Bleus auront peut-être, eux aussi, connu une nouvelle inflation, tout au moins pour ceux qui seront toujours là. En 2001-2002, ils n'avaient déjà pas à se plaindre. Voici quels étaient leurs émoluments :

4 MF net par mois : Zinedine Zidane (Real Madrid).

2 MF net par mois : Patrick Vieira, Thierry Henry (Arsenal), Fabien Barthez (Manchester United), Bixente Lizarazu (Bayern Munich), Vincent Candela (AS Roma), Lilian Thuram (Juventus Turin).

Entre 1,5 MF et 2 MF net par mois : Marcel Desailly et Emmanuel Petit (Chelsea), Christian Karembeu (Olympiakos), Robert Pires et Sylvain Wiltord (Arsenal), David Trezeguet (Juventus Turin).

Entre 1 MF et 1,5 MF net par mois : Youri Djorkaeff (Bolton), Alain Boghossian (Parme), Claude Makelele (Real Madrid).

Autour de 1 MF net par mois : Willy Sagnol (Bayern Munich), Mickaël Silvestre (Manchester United), Steve Marlet (Fulham), Christophe Dugarry (Bordeaux), Nicolas Anelka (PSG), Frank Lebœuf (Marseille).

Autour de 1 MF brut par mois : Christophe Carrière et Grégory Coupet (Lyon), Philippe Christanval (Barcelone).

En dessous de 1 MF brut par mois : Ulrich Ramé (Bordeaux), Mickaël Landreau (Nantes) et Lionel Letizi (PSG).

3

Très chère Coupe du monde

Le chiffre donne le vertige. Pour le monde entier, aujourd'hui, la valeur totale des droits de retransmissions du football atteint près de 52 milliards de francs (7,8 milliards d'euros). Le calcul a été fait par l'agence conseil britannique Media Content. Une autre agence, Prisma Sport, explique, par la voix de son vice-président Richard Dorfman : « Il existe plus de deux mille télévisions en Europe qui s'arrachent les droits sportifs. C'est en partie pour cette raison qu'ils ont augmenté de 993 % entre 1991 et 2001. » Traduction : les télévisions paient dix fois plus aujourd'hui qu'il y a dix ans pour diffuser du football qui représente 89 % des meilleures audiences au Brésil, 84 % en Angleterre et 64 % en France.

Deux autres chiffres hexagonaux pour fixer les idées et bien comprendre à quel point le foot est un produit phare du petit écran : 21,44 millions de téléspectateurs ont suivi le France-Italie (2-1) de la finale de l'Euro 2000 sur TFI, soit 77,5 % des personnes présentes devant leur poste à cette heure-là. Ils avaient été 20,57 millions pour le France-Brésil (3-0) de la finale de la Coupe du monde 1998 (75,6 % de parts de marché), plus 4 millions environ devant Canal Plus. Et un dernier chiffre, mondial, pour faire bonne mesure : l'audience cumulée, sur la planète, des soixante-quatre matchs du dernier Mondial en France, a atteint 40 milliards de téléspectateurs. C'est évidemment fort rentable pour les télés car les annonceurs se précipitent pour vanter leurs produits auprès de cet immense public. Pour diffuser le Mondial français, les chaînes britanniques BBC et ITV avaient payé la somme ridicule de 34,77 MF (5,3 M€). Elles avaient encaissé 524,77 MF (80 M€) de recettes publicitaires et de parrainage. On retrouve la même jolie culbute, peu ou prou, dans toutes les télévisions.

Les cerveaux marketing de la Fifa n'ont évidemment pas tardé à tirer la conclusion de ces bénéfices faramineux : la Coupe du monde a été bradée, depuis trop longtemps. Ce n'est pas vraiment leur faute. Qui pouvait se douter, en 1987, lorsque ont été vendus les droits pour les Mondiaux 1990 (Italie), 1994 (Etats-Unis) et 1998 (France), que l'histoire prendrait cette tournure, sous le triple effet de la concurrence acharnée entre les chaînes, de la popularité sans cesse croissante du sport numéro un et de la mondialisation des marchés ?

Petit rappel des droits télé mondiaux des précédentes Coupes du monde, avant la « révolution » :
Coupe du monde 1982 : 157 MF (24 M€)
Coupe du monde 1986 : 196 MF (30 M€)
Coupe du monde 1990 : 393 MF (60 M€)
Coupe du monde 1994 : 472 MF (72 M€)
Coupe du monde 1998 : 590 MF (90 M€)

A vrai dire, la Fifa n'a pas attendu les résultats de 1998 pour réagir. C'est en 1996 que tout explose, quand elle décide de vendre ses droits télévisuels pour 2002 et 2006 à un duo : le groupe allemand du milliardaire Leo Kirch achète la commercialisation des droits pour l'Europe, l'agence marketing ISL, historiquement liée à Adidas, prend l'affaire en main pour le reste du monde, hors Etats-Unis.

Quand ISL dépose son bilan, le vieux Bavarois — soixante et onze ans, passionné de cinéma, il a d'abord fait fortune en rachetant des catalogues de films — met la main sur l'ensemble des droits. Le prix ? 5,77 milliards de francs (880 M€). Et cela pour le seul Mondial 2002 en Corée et au Japon, devenu ainsi dix fois plus cher que l'édition 1998. Kirch a misé 7 milliards de plus pour celui de 2006 qui aura lieu en Allemagne et sera donc plus facilement vendable. Leo Kirch, dans cette affaire, est un intermédiaire. Cela signifie qu'il agit pour le compte de la Fifa à qui il a promis d'assurer les sommes précitées. Les bénéfices éventuels seront partagés à 50-50 entre le gouvernement du football mondial et le magnat allemand de la communication.

Aujourd'hui, après quelques inquiétudes, les deux partenaires se frottent les mains. Enfin, pour ce qui est de Kirch, on imagine. Car personne ne le voit jamais. Il est encore plus secret que la famille Michelin... La Fifa a donc annoncé que le groupe allemand avait versé, à la date prévue, la garantie de 5,77 milliards. Et lâché que pour 2006, les prévisions étaient tout à fait réjouissantes. Les bénéfices seront colossaux.

Quelques inquiétudes ? D'abord, il y a la situation de KirchMedia, vaisseau amiral du groupe, qui a déposé son bilan début avril. Mais Leo Kirch a habilement transféré cette très juteuse activité dans une nouvelle société baptisée Kirch Sport et installée en Suisse. C'est elle qui gérera les droits de 2002 et 2006 et elle n'est pas près de faire faillite...

Il y a eu, surtout, la levée de boucliers des télévisions. En France, comme partout dans le monde. Pour 1998, époque antédiluvienne, TF1 et France Télévision avaient payé ensemble 100 MF (15,4 M€). Quelle tête ont dû faire Patrick Le Lay, président de la Une, et son fils Laurent-Eric, responsable de l'acquisition des droits sportifs, quand ils ont pris connaissance de la première offre de Kirch : 1,3 milliard de francs (200 M€) pour le seul Mondial 2002 ! Le verdict tombe : trop cher. France Télévision jette assez vite l'éponge : cette somme est supérieure au budget annuel de tout le service des sports qui détient les droits, entre autres, du Tour de France (100 MF par an) et de Roland-Garros (60 MF). Canal Plus ne veut pas non plus en jouer. « C'était trop cher et ce n'est pas pour nous avec le cahier des charges de la Fifa qui stipule que les matchs de l'équipe nationale ainsi que le match d'ouverture, les demi-finales et la finale doivent être diffusés en clair », dit Michel Denisot, directeur général délégué et patron des Sports. M6, elle, fait un tour de piste. La petite chaîne qui monte soumet une offre de 450 MF (68,60 M€) à Kirch pour diffuser les matchs des Bleus et des résumés quotidiens des autres parties. La réponse des Allemands est cinglante : « On ne va pas laisser les apprentis entrer dans la cour des grands ! » En France, les fans commencent à croire qu'ils ne verront pas le Mondial à la télévision.

TF1 réfléchit. Elle contacte même un mathématicien, spécialiste de la théorie des jeux, pour qu'il calcule les probabilités de qualification et d'élimination de toutes les équipes. Et puis elle décide de faire une contre-proposition, en incluant le Mondial 2006 dans son offre. « Le déclic s'est produit quand la BBC et ITV ont acheté les droits pour 2002 et 2006 (1,67 milliard de francs, 255 M€). Il devenait évident qu'il fallait acheter les deux », explique Patrick Le Lay. Kirch et la première chaîne tombent finalement d'accord, le 24 novembre 2001 : TF1 paiera 1,102 milliard de francs (168 M€) pour 2002 et vingt-quatre matchs du Mondial 2006, avec une option pour les quarante autres à lever avant le 31 décembre 2003. « Nous gagnerons de l'argent », fanfaronne Le Lay.

Belle confiance. En quelques mois, dans un contexte d'effritement du marché publicitaire, elle vacille. Avec le décalage horaire, les matchs auront lieu dans la matinée en France, ce n'est pas bon pour l'audience. « C'est un gros pari, un enjeu gigantesque pour TF1. Il faut espérer que les Bleus iront loin », confie le directeur d'antenne Xavier Couture. Ce n'est qu'à partir des huitièmes de finale que le tarif des spots publicitaires sera indexé sur les performances de Zidane et de ses coéquipiers. S'ils sont en finale, le spot de trente secondes sera facturé 1,45 MF (222 000 euros). Mais, d'ici là, c'est toute la grille de la chaîne qui va coûter

5 % plus cher aux annonceurs. « Tout engagement comporte des risques, mais nous espérons ne pas être loin de l'équilibre », avoue quant à lui Etienne Mougeotte, vice-président de TF1 (*France Football*, le 19 février 2002). Sur les 168 M€, 60 seront affectés aux comptes de 2002, le reste sur ceux de 2006, un ratio utilisé par la plupart des grandes chaînes européennes.

Car le monde entier a fini par plonger, alléché par la perspective de 2006. Les derniers auront été les Italiens. En décembre 2001, la RAI réussit une meilleure opération que TF1 en acquérant les mêmes droits pour un peu moins cher : 1 milliard de francs (154,42 M€). La palme du plus gros chèque revient à TV Globo et TV Direct qui, pour l'Amérique du Sud, verseront au total près de 6 milliards de francs (910 M€). Ainsi, le Mondial 2002 sera retransmis dans cent quatre-vingt-dix pays par cent trente chaînes. Le premier match de Coupe du monde jamais diffusé en direct, le France-Yougoslavie du 16 juin 1954, l'avait été dans huit pays d'Europe, dont l'Hexagone. Et il n'y avait eu que cent vingt pays en mesure de suivre la finale de 1982. Une autre époque, vraiment, où on ne vendait pas encore les droits pour les radios. Pour le Mondial en Asie, la Fifa et Leo Kirch ont tout bétonné. En France, RMC-Infos a grillé toutes ses consœurs et signé un chèque de 3,69 MF, 564 000 euros, pour obtenir une exclusivité qui a fait scandale. Mais à RMC, on jubile : les sponsors et annonceurs se sont précipités et l'opération sera très largement bénéficiaire.

4

La folle sarabande des salaires

Zinedine Zidane est né dix-sept ans après Michel Platini. Son banquier lui dit merci. On peut disserter des heures pour savoir qui est le meilleur entre Zizou, né le 23 juin 1972 à Marseille, et Platoche, né le 21 juin 1955 à Jœuf (Meurthe-et-Moselle). Pour savoir qui est le plus riche, c'est beaucoup plus facile : l'actuel meneur de jeu du Real Madrid laisse le grand ancien à mille longueurs. Ce n'est certes pas une question de talent ni de palmarès. Seulement d'époque. Et les stars vivent actuellement une époque formidable. Dans les années quatre-vingt, c'était bien aussi, mais sans aucune commune mesure avec la folie d'aujourd'hui.

Zidane et Platini, qui n'aiment pas parler d'argent, ont connu des trajectoires très comparables et joué pendant cinq ans dans le même club, la Juventus de Turin. Le premier y a été très apprécié, le second adulé. Il faut dire que les Italiens aiment les grands buteurs et, dans ce domaine-là, Zizou est très en retrait par rapport à l'ex-coprésident du comité d'organisation de la Coupe du monde 1998 qui a définitivement installé le fils d'immigrés kabyles au sommet du football.

Platoche commence sa carrière professionnelle à Nancy, Zizou à Cannes. A vingt-quatre ans, en 1979, quand le premier quitte la Lorraine pour Saint-Etienne, il gagne 12 000 francs par mois, et même seulement la moitié pendant les dix-sept derniers mois de son

27

contrat car il est puni (in *Platini, le roman d'un joueur*, par Jean-Philippe Leclaire, Flammarion, 1998). Son président, Claude Cuny, lui fait payer le pré-contrat signé en secret avec l'Inter Milan qui lui propose 100 000 francs par mois. L'affaire ne se fera jamais et l'attaquant des Bleus, alors le moins bien payé des internationaux, choisit les Verts. A vingt ans, en 1992, quand Zidane quitte la Côte d'Azur pour Bordeaux — Rolland Courbis, qui y tient les manettes, a conclu le transfert pour 3,5 MF — il touche quelques milliers de francs chaque mois. Au début, lors de son premier match en D1, le 20 mai 1989 à Nantes, il en avait mille tout rond comme aspirant.

A Saint-Etienne, Platini obtient ce qu'il a demandé : 1 MF net par an.A Bordeaux, Zidane gagne 50 000 francs lors de sa première année de contrat. Sa situation est logiquement revalorisée après ses débuts en Equipe de France, le 17 août 1994, contre la Tchécoslovaquie (2-2, un doublé du maître). En 1995-1996, il émargera à 100 000 francs net par mois, seulement. D'où une féroce envie d'aller voir ailleurs...

La Juventus, pour les deux joueurs, c'est le jackpot, mais pas à la même échelle. Platini y part après la Coupe du monde 1982, après trois saisons chez les Verts. Il double son salaire qui passe à 2 MF net la première année. Pour sa dernière saison, en 1986-1987, le champion d'Europe 1984 touchera 5 MF, plus les primes. Ses affaires et ses contrats publicitaires lui assurent un sérieux complément. Mais le total de l'actuel conseiller spécial de Sepp Blatter, président de la Fifa, à 1 MF (154 000 euros) par mois, n'atteindra jamais celui de son successeur.

Car Zidane passe la surmultipliée. La Juve, qui n'avait versé que 1,2 MF d'indemnités à Saint-Etienne pour un Platini en fin contrat, transfère le futur champion du monde, en 1996, pour 28 MF, dont 3 MF de prime à la signature pour le joueur. Son salaire pour la première saison dépasse les 600 000 francs net mensuels. Ensuite, il mène très bien sa barque. En 1998, il signe une prolongation de contrat jusqu'en 2004 et passe à 1 MF par mois pour 1998-1999 puis 1,4 MF pour 1999-2000. « Il y a moins d'étonnement, dit-il dans *VSD* du 2 septembre 1999, quand un artiste réclame un million pour un concert. Et lui, il peut continuer à chanter jusqu'à la fin de ses jours, vendre des CD... Nous, à trente-deux ou trente-trois ans, on arrête, carbonisés. » A l'été 2000, après l'Euro victorieux des Bleus, le Real et le Barça font des offres faramineuses. Zidane choisit de prolonger son contrat avec la Juventus jusqu'en 2005. Son salaire est enfin aligné sur celui de son partenaire Alessandro Del Piero, soit plus de 3 MF net par mois. Avec Adidas (10 MF par an), Dior, Volvic, Lego, CanalSatellite puis Ford, il double presque ses revenus.

Zidane a déjà laissé loin derrière lui son illustre compatriote, qui a terminé sa carrière à la Juve, quand il conclut le plus gros transfert de l'histoire avec le Real Madrid, le 9 juillet 2001. Il signe pour quatre ans. Le club espagnol paiera 507 MF (77,29 M€) au club italien et déboursera 21 MF (3,3 M€) de commissions diverses, dont une grosse prime à la signature (10 MF ?). Son salaire : un peu plus de 4 MF net par mois (610 000 euros), soit 50 MF (7,62 M€) par an. Avec ses différents contrats publicitaires et l'argent qu'il touchera sous le maillot bleu, la star française devrait engranger près de 100 MF (15,2 M€) en 2002. Car, contrairement à ce qui a été dit ici ou là, Zizou n'a pas abandonné tous ses droits d'image au Real. Il a gardé ses contrats précédents et n'a cédé que certains de ses droits dont ceux concernant son équipementier Adidas, le même que celui du Real et des Bleus. Barcelone, qui joue en Nike, était condamné d'avance... Le club madrilène touchera ainsi le maximum sur la vente des maillots frappés du numéro 5 de Zidane. Il compte en vendre trois cent mille par an, à 500 francs pièce (76,22 euros). Avec le développement de la marque Real dans le monde, l'augmentation des droits télé, de la contribution des sponsors et de la commercialisation des produits dérivés, le club se fait fort d'amortir facilement un joueur qui lui coûtera un total de 700 MF (106,7 M€) sur quatre ans. Le magazine américain *Forbes* n'a-t-il pas estimé que Zidane est le footballeur le plus rentable du monde ? Son image est toujours gérée par son agent Alain Migliaccio et par ses frères au sein de la société Zidane Diffusion. Et du contrat qu'il a signé avec Orange en 2002, c'est bien lui qui touchera la contrepartie financière, sans doute plus de 7 MF par an. Dans les deux prochaines années, il engrangera plus d'argent que Diego Maradona entre 1979 et 1986 (139 MF, 21 M€).

A 4 MF de salaire net par mois, Zizou, qui fait rêver des centaines de millions d'amoureux du football, est à peine mieux loti que le deuxième sportif français le mieux payé : le basketteur Tarik Abdul Wahad, qui fait à peine se lever les supporters de Dallas Mavericks, dans le championnat américain (NBA), touche 3,6 MF mensuels (550 000 euros). Avec son revenu global annuel, Zidane est dans les mêmes eaux que la Suissesse Martina Hingis et reste très loin du pilote allemand de F1 Michael Schumacher (450 MF par an, 68,6 M€, avec trois cent cinquante produits dérivés à son image) et du golfeur américain Tiger Woods (410 MF, 62,50 M€). Une bonne vingtaine de basketteurs américains (dont Michael Jordan, Shaquille O'Neal, Kevin Garnett ou Grant Hill) sont aussi largement au-dessus. Chez les grands patrons français, à la carrière beaucoup plus longue, Zidane n'atteint pas Serge Tchuruk (Alcatel, 131 MF par an, stock-options comprises) et dépasse juste Jean-Marie Messier (Vivendi, 72 MF).

Le meneur de jeu des Bleus occupe pourtant le haut du panier du football, sport le plus populaire de planète (sauf en Amérique du Nord). Ils sont très peu nombreux à ce niveau. Le mieux payé de tous, et de manière surprenante, est l'Uruguayen de l'Inter Milan Alvaro Recoba qui émarge à 4,5 MF (690 000 euros) mensuels. David Beckham, star de Manchester United, vient de renégocier et de prolonger son contrat : il touchera 1 MF (152 000 euros) par semaine — on paye à la semaine, en Grande-Bretagne, et on compte en net, les impôts étant retenus à la source — et devance désormais son capitaine Roy Keane, longtemps le Mancunien le mieux rémunéré. Avec ses revenus de droits d'image (il vient encore de signer un contrat de 10 MF, 1,52 M€, par an avec Marks and Spencer), Beckham ne sera pas loin de gagner 90 MF annuellement (13,7 M€). Le Portugais Luis Figo et l'Espagnol Raul, partenaires de Zidane au Real, ainsi que le Brésilien de Barcelone Rivaldo, l'Argentin de l'AS Roma Gabriele Batistuta et Alessandro Del Piero (Juventus) naviguent à peu près dans les mêmes eaux. Après, on descend un peu pour trouver des joueurs payés autour de 2 à 3 MF (300 000 à 460 000 euros) par mois : les Mancuniens Juan Sebastian Veron, Laurent Blanc, Fabien Barthez, Ruud Van Nistelrooy et Ryan Giggs, les joueurs d'Arsenal Dennis Bergkamp, Sol Campbell, Patrick Vieira et Thierry Henry (voir les salaires des Bleus dans le chapitre : « L'argent des champions du monde »), ceux de Liverpool Michael Owen et de Chelsea Gianfranco Zola et Hasselbaink, le Romain Francesco Totti, les Interistes (Inter Milan) Ronaldo, Vieiri et Davids, les Milanais (Milan AC) Inzaghi et Albertini, les Turinois (Juventus) Lilian Thuram, Pavel Nedved, Gianluigi Buffon et Clarence Seedorf, Giovane Elber, Oliver Kahn, Stefan Effenberg et Bixente Lizarazu au Bayern Munich, etc. Toute la crème du football mondial, et on en oublie beaucoup, a profité au maximum de la rivalité entre les plus grands clubs, de l'ouverture des frontières européennes et de l'incroyable inflation des budgets due, principalement, à l'explosion des droits télé. En Premier League anglaise, la masse salariale a augmenté de 220 % entre 1996 et 2001, et de 629 % depuis huit ans ! La croissance est comparable en Italie et en Espagne, un peu moins forte en Allemagne et en France où les finances des clubs sont beaucoup plus contrôlées.

LES SALAIRES EN FRANCE

Dans le championnat français de D1, on ne peut plus s'offrir ni retenir les plus grandes stars mondiales — les clubs veulent encore se battre pour obtenir des aménagements fiscaux — et aucun salaire n'atteint les sommets rencontrés dans les quatre pays majeurs. Les mieux payés ? L'Allemand de Monaco Oliver Bierhoff qui touche 1,5 MF par mois, net d'impôts puisqu'il bénéficie du régime monégasque, mais qui fait banquette dans l'équipe dirigée par Didier Deschamps ! Le Brésilien de Lyon Sonny Anderson est au niveau du Nigerian du PSG Jay-Jay Okocha, à 1,1 MF net. Le Portugais Pauleta approchera ces tarifs s'il reste à Bordeaux en 2002-2003 après avoir renégocié son contrat.

Mais en France aussi, la masse salariale a explosé. Elle y a été multipliée par plus de deux et demi en cinq ans : 777 MF (118,4 M€) pour vingt clubs en 1995-1996 et 1963 MF (299,2 M€) pour dix-sept clubs (la Ligue n'a pas compté Toulouse, relégué en National) en 2000-2001. Elle a encore augmenté en 2001-2002 mais il faudra attendre début 2003 pour savoir de quel taux : 22 % comme entre les deux saisons précédentes ? Pas impossible...

« Il y a trois ou quatre ans, on disait que 250 000 F par mois (38 112 euros), c'était beaucoup. Aujourd'hui, parmi les 500 pros de D1, il y en a 150 à plus de 500 000 F (76 224 euros) », explique Jean-Jacques Amorfini, vice-président de l'Union nationale des footballeurs professionnels (UNFP), le syndicat des joueurs (cotisation : 1 500 francs par an si on joue en D1, 1 200 si on joue en D2). « En 1997-1998, lors de ma dernière année à la tête du PSG, il n'y avait pas un salaire au-dessus de 400 000 F (60 979 euros) chez nous, se souvient Michel Denisot. Le salaire moyen tournait autour de 100 000 à 120 000 F (15 240 à 18 293 euros). C'est ce que gagnaient par exemple Laurent Fournier et Patrick Colleter. » Aujourd'hui, en D1, le salaire moyen approche les 200 000 francs (30 489 euros), hors primes, bien sûr A vingt ans, un espoir comme Djibril Cissé touche 500 000 francs par mois à Auxerre. Guy Roux sait y faire pour garder ses jeunes, sans avoir l'air d'y toucher...

Ceux que l'histoire rebute peuvent zapper les lignes qui suivent. Mais il nous a semblé intéressant de faire un retour en arrière et de raconter, brièvement, comment on en est arrivé là.

A la fin des années vingt, alors que les entorses à l'amateurisme pur et dur sont légion et qu'une réforme devient de plus en plus nécessaire, les adversaires du professionnalisme, qui existe depuis longtemps en Grande-Bretagne, ne désarment pas. Pour eux, les conséquences en seraient dramatiques. « Les jeunes ne rêveront que de gagner de l'argent par le sport et encombreront le pavé de leur lassitude sociale, de leur nullité sociale » (cité par Alfred Wahl et Pierre Lanfranchi dans leur remarquable ouvrage auquel ce chapitre doit beaucoup, *Les Footballeurs professionnels des années 30 à nos jours*, Hachette, 1995). Après leur carrière, ces pros auraient « 95 % de chances de devenir des dévoyés ou des parasites » et seraient guettés par une « existence misérable ou malhonnête », pour avoir longtemps mené une vie facile, confortable et oisive.

Le premier statut pro en France est adopté par la Fédération française de football amateur (FFFA, c'était comme ça à l'époque), les 16 et 17 juin 1932, trois ans après que Jean-Pierre Peugeot eut créé le FC Sochaux avec des joueurs salariés. Le premier championnat de France avec des pros est disputé en 1932-1933. Salaire maximum prévu par les règlements : 2 000 francs par mois, deux fois le salaire d'un ouvrier. Mais les vedettes, avec les primes et les dessous de table, en gagnent parfois le double ou le triple.

Pendant la Seconde Guerre mondiale, le régime de Vichy abolit le professionnalisme qui renaît à l'été 1945 avec la reprise d'un championnat pro : dix-huit équipes en D1, vingt-quatre clubs en D2, répartis par moitié dans deux zones géographiques. A la fin des années quarante, un joueur gagne au minimum 4 200 francs par mois et 9 000 francs au maximum. Là encore, avec les primes de résultats, un pro d'un bon club peut espérer empocher jusqu'à 25 000 francs par mois, soit six fois le salaire ouvrier, l'équivalent du Smic d'aujourd'hui. Dans les années cinquante, beaucoup ont d'ailleurs un à-côté pour arrondir leurs revenus, comme Jean Vincent et Jean Grumelon (magasins de sports). Les stars gagnent à peu près bien leur vie, mais sans aucune commune mesure avec ce qu'on voit aujourd'hui. A l'OM, le buteur Gunnar Andersson, qui mourra dans la misère en 1969, touche plus de 200 000 (anciens) francs par mois. Comme un cadre supérieur.

Le début des années soixante est marqué par une grave crise. Les Bleus, absents du Mondial 1962 au Chili, touchent le fond de la médiocrité, comme la qualité du spectacle en général. La mode du *catenaccio*, ce jeu hyper défensif lancé par l'Inter d'Helenio Herrera en 1961, fait des dégâts. Les spectateurs fuient les stades : 8 732 en moyenne en 1962-1963 contre 11 140 dix ans plus tôt. Sète, Le Havre et Nancy renoncent au professionnalisme, le Red Star est radié pour corruption. Il y avait 543 pros en 1960, ils ne sont plus que 363 en janvier 1965.

Pendant ce temps, l'Union nationale des footballeurs professionnels, créée fin 1961 par Eugène N'Jo Lea et présidée successivement par Just Fontaine, Michel Hidalgo et Philippe Piat, se bat contre l'« esclavagisme ». Raymond Kopa pousse un coup de gueule dans la presse : « Aujourd'hui, en plein XXe siècle, le footballeur professionnel est le seul homme à pouvoir être vendu et acheté sans qu'on lui demande son avis. » Jusqu'à la grande victoire syndicale de juin 1969 et l'adoption par les instances du football du contrat à durée librement déterminée, les joueurs appartenaient à vie à leur club, qui en disposait selon son bon vouloir et ses intérêts bien compris. Mais il faudra attendre juin 1973 et l'adoption de la Charte du football professionnel, véritable convention collective des métiers du football, pour fixer définitivement les choses.

La première envolée des salaires date de la fin des années soixante-dix, grâce, essentiellement, à l'argent des collectivités locales. Entre 1975 et 1980, la masse salariale du foot pro progresse de 15 à 20 % par an. En 1980, le salaire moyen est d'environ 15 000 francs par mois, mieux qu'un cadre supérieur (12 000 francs par mois). Mais un joueur sur dix gagne plus de 38 000 francs par mois. Plus divers avantages en nature et, pour certains, des dessous-de-table comme le démontrera l'affaire de la caisse noire de Saint-Etienne en 1982.

La moyenne mensuelle en D1 grimpe à 85 000 francs/mois en 1990, résultat de la guerre que se livrent au milieu des années quatre-vingt Claude Bez (Bordeaux), Jean-Luc Lagardère (Matra Racing), Bernard Tapie (OM) et Francis Borelli (PSG). Jean-Pierre Papin, qui touchait 8 000 francs par mois à Valenciennes, empoche quinze mois plus tard, à l'OM, en 1986, 250 000 francs mensuellement. José Touré gagne 500 000 francs à Monaco mais le champion toutes catégories s'appelle Luis Fernandez. Lagardère le pique à Borelli malgré les efforts qu'est prêt à faire le maire de Paris, Jacques Chirac. Transfert : 25 MF. Salaire mensuel : 750 000 francs. Il est, à cette époque, le joueur le mieux payé au monde. Mieux que Diego Maradona à Naples et que Michel Platini à la Juventus ! Aujourd'hui, avec ses 700 000 francs (106 714 euros), Frédéric Déhu, qui n'a ni la même dimension ni la même aura que celui qui est devenu son entraîneur, n'est même pas le joueur le mieux payé au PSG.

Il n'a en tout cas guère apprécié, pas plus que ses coéquipiers d'ailleurs, la publication, dans *Le Parisien* et *Aujourd'hui en France* du 28 novembre 2001, du scoop du journaliste Laurent Perrin : les vrais salaires, et toutes les primes, des joueurs parisiens. Sujet tabou s'il en est. Secret absolu. Même les intéressés ignorent ce que gagnent réellement leurs coéquipiers, et la parution de cette enquête a éveillé les jalousies dans les vestiaires. Le mieux payé au PSG ? Le Nigerian Augustine Okocha, recruté en 1998 par Charles Biétry pour 100 MF (15,2 M€), le plus gros transfert de l'époque : 1,1 MF net (167 600 euros) par mois. Il devance de peu Nicolas Anelka, prêté à Liverpool pendant le « mercato » de l'hiver 2001-2002 : 1 MF (152 400 euros), la moitié de ce qu'il touchait au Real Madrid et de ce qu'il regagnera peut-être en 2002 chez les Reds. Ensuite, on trouve Déhu et, en bas de l'échelle, les gardiens remplaçants Stéphane Gillet (45 000 francs, 6 860 euros) et Jérôme Alonzo (60 000 francs, 9 146 euros), le défenseur Talal El Karkouri (150 000 francs, 22 867 euros) et les jeunes Bernard Mendy (160 000 francs, 24 391 euros) et Mikel Arteta, prêté par Barcelone (167 000 francs, 25 458 euros). En milieu de peloton figurent Mauricio Pochettino (505 000 francs, 76 986 euros), Lionel Letizi (450 000 francs, 68 602 euros) ou encore José Aloisio (250 000 francs, 38 112 euros) et Gabriel Heinze (240 000 francs, 36 587 euros). C'est ce qu'ils ont gagné en 2001-2002. Ensuite, les contrats sont ainsi faits que les augmentations sont déjà prévues pour les saisons suivantes, afin d'inciter les joueurs à rester. Ainsi, Heinze aura le double s'il est encore là en 2004-2005 : 480 000 francs (73 175 euros). Pochettino percevra 970 000 francs (147 875 euros) en 2003-2004. Et Aloisio passerait à 600 000 francs (91 469 euros) en 2005-2006.

Le cas Ronaldinho est un peu spécial. Le salaire affiché du Brésilien, 625 000 francs par mois (95 280 euros) cette saison, 750 000 francs (114 336 euros) en 2002-2003, est bien en dessous de ce qu'il perçoit réellement. Sportfive (ex-Sport Plus), qui détient l'exclusivité de ses droits d'image pour six ans et qui a largement contribué à son transfert depuis le Gremio de Porto Alegre, lui octroie un minimum garanti plus un pourcentage sur les contrats négociés avec les annonceurs. Pour l'année passée, on estime ce complément de revenu à 20 % ou 30 % de son salaire. « Cet argent est versé à ses sociétés, soit en France soit au Brésil, qui nous facturent ses prestations publicitaires, explique Jérôme Valcke, ex-P-DG de Sport Plus (filiale à 100 % de Canal Plus), aujourd'hui adjoint de Jean-Claude Darmon à Sportfive. On a investi sur lui depuis début 2001 car on croyait à son potentiel. Pour le moment, on ne l'embête pas, on le laisse tranquille. Jusqu'à la Coupe du monde 2002, on n'a accepté qu'un seul contrat, avec Nike. Avec eux, le deal s'arrête au Mondial. Si Ronnie y est brillant, ça peut-être le jackpot à l'occasion de la signature du nouveau contrat. » Pour le Brésilien comme pour Sportfive, le PSG y trouvant également son compte. Si Ronaldinho devient l'égal d'un Ronaldo ou d'un Romario, les annonceurs vont se bousculer...

Voici l'éventail des salaires dans les clubs de D 1, en 2001-2002 :

Auxerre : de 25 000 F (3 811 €) à 500 000 F (76 000 €) pour Djibril Cissé.

Bastia : de 25 000 F (3 811 €) à 400 000 F (60 979 €) pour Vairelles.

Bordeaux : de 200 000 F (30 489 €) pour Jemmali à 800 000 F (121 959 €) pour Dugarry ou Pauleta.

Guingamp : de 25 000 F (3 811 €) à 200 000 F (30 489 €) pour Guivarc'h.

Lens : de 25 000 F(3 811 €) à 750 000 F (114 336 €) pour Sibierski.

Lille : de 25 000 F (3 811 €) à 250 000 F (38 112 €).

Lorient : de 30 000 F (4573 €) à 150 000 F (22 867 €).

Lyon : de 30 000 F (4 573 €) à 1 MF (152 000 €) pour Anderson.

Marseille : de 50 000 F (7 622 €) pour Meïté à 800 000 F (121 959 €) pour Bakayoko

Metz : de 25 000 F (3 811 €) à 400 000 F (60 979 €) pour Meyrieu.

Monaco : de 30 000 F (4 573 €) pour Abidal à 1,5 MF (228 000 €) pour Bierhoff.

Montpellier : de 25 000 F (3 811 €) à 250 000 F (38 112 €).

Nantes : de 27 000 F (4 116 €) à 900 000 F (137 204 €) pour Moldovan.

PSG : de 45 000 F (6 860 €) pour Gillet à 1,1 MF (167 693 €) pour Okocha.

Rennes : de 25 000 F (3 811 €) à 400 000 F (60 979 €) pour Lucas.

Sedan : de 300 000 F (4 573 €) €) à 300 000 F (45 734 €).

Sochaux : de 25 000 F (3 811 €) à 200 000 F (30 489 €).

Troyes : de 50 000 F (7 622 €) à 200 000 F (30 489 €).

DROITS D'IMAGE ET PRIMES ARRONDISSENT LES FINS DE MOIS

On ne parle plus que de ça mais dans la série opacité, la question des droits d'image tient le pompon. C'est pourtant devenu, pour les stars, un manière de percevoir des gains supplémentaires qui échappent aux charges sociales et à l'impôt sur le revenu des personnes physiques (IRPP). Certains, comme Zidane ou Desailly, peuvent ainsi doubler leur salaire. Mais la moyenne s'établirait autour de 30 % de plus. « C'est devenu un fait économique majeur dans le football et les transferts butent souvent sur ce problème clé », reconnaît Serge Pautot, avocat marseillais spécialisé dans les affaires du sport. En Espagne, jusqu'à 20 % de la rémunération des joueurs seraient constitués de droits d'image.

Comme les annonceurs s'arrachent de plus en plus les vedettes du foot pour exploiter commercialement leur image, ces dernières se sont organisées. Les joueurs les plus médiatisés sont tous, aujourd'hui, actionnaires principaux d'une société qu'ils ont créée pour encaisser cette manne et qu'ils ont parfois installée dans des paradis fiscaux. Une rémunération versée par qui ? Soit directement par l'annonceur. Soit par un intermédiaire (IMG-McCormack, Sportfive, Havas, etc.) qui gère ces contacts et ces contrats pour le compte du joueur et prend sa commission au passage. Soit par le club, dans le cas où il aurait acquis l'exclusivité des droits d'image de sa, ou de ses stars, et s'occuperait seul de leur exploitation. L'Inter Milan donne ainsi 12 MF (1,83 M€) par an à Ronaldo.

Dans tous les cas, il ne s'agit pas d'un contrat de travail comme celui qui lie le club à son joueur pour son job de footballeur (avec salaires et charges sociales afférentes) mais d'un contrat commercial entre sociétés avec une fiscalité toute différente et bien plus avantageuse. Pour éviter que le fisc ou l'Urssaf ne soient tentés d'intervenir, encore faut-il que la rémunération corresponde à une véritable prestation. Et qu'il n'y ait pas un lien trop fort de subordination entre l'annonceur et le joueur, du type : « Soyez un jour par semaine à telle heure et à tel endroit pour vanter nos produits. » Le contrat commercial pourrait alors être requalifié en contrat de travail. Difficile donc pour un club d'utiliser ça pour donner un sursalaire déguisé, non soumis aux charges sociales. Il y a quelques années, Toulouse et Marcico n'avaient pas échappé aux foudres du fisc... Néanmoins, cette pratique existe encore et elle est plutôt répandue. « Il y a des clubs qui font passer une partie du salaire en droits d'image », assure Pape Diouf, l'un des agents les plus honnêtes et compétents de la place. Il s'occupe, entre autres, de Marcel Desailly. « Par exemple, sur le contrat qui lie un équipementier à un club, une partie sera prélevée pour être directement versé sur le compte de la société du joueur. C'est à l'extrême limite de la légalité mais ce n'est pas très moral », poursuit-il.

Les primes, elles, sont tout bêtement considérées comme des salaires. Mais elles arrondissent bien les fins de mois et là, tout le monde est concerné.

— *Primes à la signature.* C'est le passage obligé de tout transfert. Le joueur et son agent exigent à chaque fois une gratification pour conclure l'affaire. C'est en millions de francs que cela se compte. Anelka a obtenu 5 MF (760 000 euros) du PSG pour quitter le Real Madrid. Lebœuf a reçu 4 MF (610 000 euros) pour passer de Chelsea à l'OM. « On devrait plutôt appeler ça une avance sur salaire », estime Pape Diouf. Car il s'agit simplement d'une question d'échéances de versement. Le joueur et le club se mettent d'accord sur un salaire mensuel et sur un échéancier de paiement de gratifications supplémentaires. C'est pour cela qu'il faudrait toujours compter en salaire annuel pour connaître au plus juste les émoluments des joueurs.

— *Primes de résultats*. Elles sont généralement négociées en début de saison entre les présidents et les capitaines. Mais il peut y avoir, en plus, des primes individuelles, négociées au moment du transfert. Ainsi, seules quelques vedettes du PSG ont touché 1 MF (152 000 euros) lors de la victoire du PSG en Coupe des coupes, en 1996. Les autres se sont contentés de la moitié.

— Les *primes d'objectif* peuvent rapporter gros. Si Manchester United gagne la Ligue des champions, chaque joueur touchera 1 MF. Les Mancuniens, qui encaissent 9 000 F (1 372 euros) pour chaque victoire en championnat, se partageront 3 MF (460 000 euros) s'ils sont champions d'Angleterre. Au PSG, ce sont 12 MF (1,83 M€) qui seront répartis au prorata du nombre de matchs joués en cas de troisième place, et 9,4 MF (1,43 M€) pour la quatrième. La première valait 35 MF (5,34 M€), la deuxième 21 MF (3,20 M€). En D2, la prime de maintien peut atteindre 200 000 francs (30 489 euros).

En France, la Charte du football professionnel fixe très précisément, pour la D1, la D2 et le National, un montant minimal pour tous les types de primes. L'élite, bien au-dessus de ces minima, n'en tient pas compte. Les deux autres divisions les respectent. Un joueur d'un club de D2 promu en D1 en fin de saison touchera ainsi, au minimum, 95 400 F (14 543 euros).

CE N'EST PLUS UNE ÉCHELLE DES SALAIRES, C'EST UN GOUFFRE

« Entre la D1 et la D2, il y a un trou et beaucoup de joueurs de deuxième division ont les glandes en voyant ce qu'on peut gagner au-dessus », témoigne un expert,

Jean-Jacques Amorfini. La masse salariale des vingt clubs de D2 a pourtant suivi une évolution comparable à celle de la D1 : + 26 % entre 1998-1999 et 1999-2000 et encore + 22 % entre 1999-2000 et 2000-2001. Elle représente aujourd'hui 522 MF (79,6 M€) soit 49 % du budget des clubs. Ces budgets ne sont pas très élevés : cinq clubs seulement, Le Havre, Montpellier, Nancy, Nice et Sochaux dépassaient les 67 MF (10,21 M€) en 2000-2001.

Les gros salaires de la D2 se trouvent dans les clubs qui viennent d'être rétrogradés : Caveglia au Havre, Chilavert, Bertin ou Ljuboja à Strasbourg, qui sont au-dessus de 500 000 francs (76 000 euros) par mois. La Charte prévoit qu'un club a le droit de baisser les salaires de 20 % en cas de rétrogradation. Mais il faut que tous les salaires de l'équipe subissent cette amputation pour qu'elle soit validée. Comme les vedettes ne l'acceptent pas, ils restent bien souvent les mêmes qu'en D1. Sur les 500 pros de D2, 50 sont à plus de 100 000 francs (15 240 euros) par mois et 150 entre 50 000 et 100 000 francs.

Pour les trois cents autres, les salaires n'ont rien de mirifiques. « Beaucoup de joueurs de D2 sont au minimum de la Charte », explique Amorfini. Soit, pour un premier contrat pro, 25 000 francs (3 811 euros) par mois. A Cuiseaux-Louhans, par exemple, seuls deux ou trois joueurs touchent entre 40 000 et 50 000 francs (6 100 et 7 600 euros). Pas de quoi mettre grand-chose de côté pour l'après-carrière, qui arrive vite. C'est pourquoi l'UNFP verse une aide à la reconversion à ce « prolétariat » du foot. Si un joueur a été professionnel pendant au moins quatre ans, il touchera 35 000 francs (5 335 euros) par année de contrat, soit 350 000 francs (53 357 euros) après dix ans de carrière.

En dessous de la D2, ce ne sont plus des professionnels, sauf dérogation pour quelques clubs de National tout juste relégués. Les clubs amateurs ont droit à un certain nombre de ce qu'on appelle les contrats fédéraux. Sévèrement contrôlés par la FFF pour éviter les dérives, ils assurent un revenu mensuel d'environ 30 000 francs (4 573 euros) à leurs bénéficiaires, souvent des pros en toute fin de carrière. Il peut y avoir jusqu'à quinze contrats fédéraux par club en National, trois en CFA, deux en CFA 2 et un en Division d'honneur.

En National, les premiers salaires tournent autour de 10 000 francs (1,52 M€) pour un jeune joueur, en contrat espoir. Les plus gros peuvent atteindre 80 000 (12 196 euros) à 100 000 francs (15 245 euros) dans les grosses écuries (Toulouse ou Cannes).

En CFA 1 et 2, se côtoient plusieurs catégories de footballeurs. Ceux des équipes réserves de club professionnel et ceux des vraies formations d'amateurs. Pour les réserves de clubs pros, le salaire minimum est celui prévu par la Charte. Un joueur en premier contrat qui évolue dans l'équipe B d'un club de D1 percevra ainsi autour de 25 000 francs (3 811,23 euros). Un joueur débutant en équipe B de D2 touchera entre 13 000 (1 981 euros) et 18 000 francs (2 744 euros). Les salaires les plus élevés sont bien entendu ceux des joueurs professionnels relégués en catégorie inférieure.

Dans les formations amateurs, les joueurs ne perçoivent pas de salaire, simplement des primes de matchs ou d'objectif. Mais la plupart des footballeurs de CFA ou CFA 2, issus des grands centres de formation et jugés inaptes au haut niveau, occupent des emplois en relation avec le sport (professeur d'EPS, moniteur...) qui leur permettent de concilier aisément leur activité professionnelle et leur vie de sportif.

En Division d'honneur, Promotion d'honneur et en dessous, on ne parle pas d'argent, officiellement. Pourtant, l'euro est bien le nerf de la guerre. Par des biais détournés. Le plus souvent, la rémunération plus ou moins élevée du joueur dépend de l'emploi que lui aura trouvé le club. Exemple : l'avant-centre d'un club de Promotion d'honneur des Bouches-du-Rhône marquait but sur but. Employé à la mairie, son salaire mensuel s'élevait à 6 500 francs (990 euros) brut. Des études arrêtées en classe de troisième ne lui permettaient pas d'espérer mieux qu'un poste de cantonnier....

Qu'importe. Une formation varoise de Division d'honneur régionale (soit une division au-dessus), attirée par ses talents de buteur, lui a proposé de la rejoindre, avec un nouvel emploi à la clé. Le cantonnier est devenu commercial, avec un salaire net mensuel de base de 15 000 francs (2 286 euros), sans compter les primes. Le premier mois, l'attaquant a ainsi perçu 26 000 francs (3 963 euros). Il est retombé de haut au sortir de la saison suivante : il a été remercié par son club et par son employeur, principal sponsor du club.

En moyenne, en DH, les primes de matchs débutent à 1 000/1 500 francs (entre 152 et 228 euros) pour une victoire à domicile et peuvent atteindre de 3 000 à 3 500 francs (457 à 533 euros) pour une victoire à l'extérieur. Tout en bas de l'échelle, l'argent circule aussi, en liquide, dans des enveloppes cachetées, et si tel ou tel président n'a pas de circuit pour trouver de quoi récompenser ses joueurs, son équipe n'ira pas bien loin...

5

Les entraîneurs en profitent aussi

L'autorité d'un entraîneur peut-elle pleinement s'exercer si, financièrement, la hiérarchie n'est pas respectée ? La majorité des patrons techniques, en France comme en Europe, dirigent des joueurs souvent bien mieux payés qu'eux. Mais, attention : comme leurs « protégés », les entraîneurs profitent à plein de l'explosion des salaires ! Les exemples ne manquent pas. L'hiver dernier, Nantes se décide à virer son entraîneur Raynald Denoueix. Chantre du jeu « à la nantaise », comme le furent avant lui José Arribas ou Jean-Claude Suaudeau, Denoueix a été élu par ses pairs meilleur entraîneur de Division 1 lors de la saison 2000-2001 qui a vu le sacre de son équipe, championne de France. Mais la position de lanterne rouge des Canaris durant de trop longs mois, la saison suivante, va quand même sceller son sort. Jean-Luc Gripond, le nouveau président nantais mis en place par la Socpresse (qui édite entre autres le quotidien *Le Figaro*) veut des résultats et il n'hésite pas à indemniser son entraîneur à hauteur de 12 MF (1,83 M€) et à le remplacer par Angel Marcos. A Nantes, Denoueix gagnait 400 000 francs par mois (60 979 euros). En net ou en brut ? Plus encore que pour les joueurs, les salaires des coaches sont un sujet tabou en France...

400 000 francs net, c'est ce que toucherait Luis Fernandez au Paris-Saint-Germain. Revenu dans le club

parisien avec des pouvoirs élargis de manager général à la fin de l'année 2000, Luis a bien négocié son affaire. Il voulait une nette revalorisation de salaire par rapport à sa première période d'entraîneur au PSG (1994-1996). Le 6 mars 1996, il avouait dans un « Face aux lecteurs » des quotidiens *Le Parisien* et *Aujourd'hui en France* : « Je touche actuellement 150 000 francs mensuels. Je vous le dis en toute sincérité parce que j'ai déjà eu assez de problèmes lorsque je suis passé au Matra Racing. J'étais montré du doigt alors que d'autres gagnaient certainement beaucoup plus que moi... »

Plus récemment, dans les colonnes du journal *L'Equipe* du 7 février 2002, l'actuel entraîneur d'Ajaccio, le sulfureux Rolland Courbis, revenait sur les conditions de son licenciement de l'OM deux saisons plus tôt : « J'ai été viré cinq mois après avoir signé un contrat de cinq ans avec un salaire de 850 000 francs bruts (130 000 euros), soit 350 000 francs net (54 000 euros). Il restait donc quatre ans et demi de contrat, ce qui montait les indemnités de 80 à 90 MF (de 12 à 14 M€). On a négocié à 20 MF (3 M€), ce qui fait 11 MF net d'impôts (1,68 M€). »

On le voit, les entraîneurs de D 1, dont la fonction est certes très exposée, sont également assis sur de beaux contrats qui leur permettent de « voir venir » quand la situation sportive de leur équipe se dégrade ou que leurs rapports avec joueurs et dirigeants s'enveniment. Comme leurs subordonnés footballeurs, ils deviennent de plus en plus mobiles et la fin de saison 2001-2002 s'annonçait particulièrement agitée concernant les changements d'entraîneurs en D1 !

Il sera de toute façon difficile de détrôner le technicien français le plus richement rémunéré depuis l'été 2001 : Didier Deschamps. « Dédé », capitaine des champions du monde et d'Europe alors expatrié comme joueur à Valence (Espagne), n'a pas hésité longtemps à raccrocher les crampons quand le président de l'AS Monaco, Jean-Louis Campora, lui a proposé 700 000 francs net par mois (106 700 euros). Un salaire évidemment princier pour un entraîneur débutant ! Cela ne lui a pas permis de faire des miracles, Monaco bouclant une saison catastrophique sans le moindre titre. Autre « star » des bancs de touche français (mais ça ne devrait pas durer car il est très convoité par l'étranger et notamment l'Italie), le coach de Lille Vahid Halilhodzic. Homme au tempérament bien trempé, le Bosniaque est aussi redoutable en affaires. A l'été 2001, il menaçait déjà de partir (Monaco s'était d'ailleurs intéressé à lui, avant de contacter Deschamps) et a obtenu de rester moyennant 400 000 francs mensuels (61 000 euros) mais aussi des parts du club nordiste, le Losc : des stock-options d'un montant de 3 MF (457 300 euros).

On ne peut clore ces paragraphes sur les entraîneurs français sans évoquer le plus rusé de tous, et certainement le plus riche : l'Auxerrois Guy Roux. Revenu sur le banc au début de la saison 2001-2002, il est impossible d'estimer sa fortune. Combien gagne-t-il en tant qu'entraîneur de l'AJA ? En 1995, il « avouait » 220 000 francs mensuels, plus les triples primes de victoire, ce qui le situait au premier rang des salariés du club auxerrois, devant ses joueurs vedettes. Mais depuis, Guy Roux a indexé ses rémunérations sur l'inflation galopante du milieu du foot. Pour améliorer son ordinaire, citons pêle-mêle ses activités de consultant de TF1, ses revenus de la publicité (entre autres pour Citroën), sa qualité d'assureur... Le « maquignon » comme on l'appelle dans le milieu, a investi dans l'immobilier, les bois, les sociétés viticoles bourguignonnes. Personne ne le plaint et lui s'en moque, revendiquant une image de « père la morale » qui fait sourire (voir le chapitre sur Bernard Diomède !).

A l'identique des joueurs, les entraîneurs français gagnent pourtant beaucoup moins d'argent que leurs alter ego étrangers. En Angleterre, les « managers » (dont les Français Arsène Wenger à Arsenal, Gérard Houllier à Liverpool ou Jean Tigana à Fulham) ont des salaires royaux qui n'égalent pas, certes, celui de sir Alex Ferguson, qui vient de rempiler pour trois ans à

Manchester United moyennant 38,73 MF (5,90 M€) par an, soit 3,23 MF mensuels (490 000 euros) ! « Ici, en Angleterre, les managers bénéficient d'un énorme prestige » se réjouit Wenger qui sait de quoi il parle : après l'accident cardiaque de son ami Houllier à Liverpool, en octobre 2001, son club d'Arsenal a souscrit pour lui une assurance de 50 MF (7,62 M€) et sa couverture maladie coûte 40 000 francs (6 097 euros) par mois au club londonien.

Les trois managers français de la Premier League n'ont de toute façon pas à se plaindre de leur traitement. Qu'on en juge : Arsène Wenger et Gérard Houllier émargent, à égalité, au quatrième rang des patrons techniques en Angleterre. Leurs rémunérations ? 11,83 MF (1,80 M€) par an. Soit, *grosso modo*, 1 MF par mois. Seuls Alex Ferguson, donc, David O'Leary (Leeds United) avec 21,52 MF (3,28 M€) et l'Italien de Chelsea Claudio Ranieri, 12,91 MF (1,96 M€), gagnent plus chaque année. Le troisième larron français, Jean Tigana (Fulham) est juste en dessous de ses compatriotes. Comme Walter Smith (Everton), Bobby Robson (Newcastle), Glenn Hoddle (Tottenham) et Graham Taylor (Aston Villa), l'ancien technicien de l'Olympique lyonnais, perçoit annuellement 10,76 MF (1,64 M€). Au pays de Sa Majesté, les entraîneurs touchent aussi officiellement des pourcentages sur la plus-value réalisée à l'occasion de la revente des joueurs du club.

En Italie, les « Mister » sont aussi très bien rémunérés et le plus gâté d'entre eux, le patron technique de l'AS Roma, Fabio Capello, qui touche déjà 26,89 MF (4,1 M€) par an, aurait reçu du FC Barcelone une proposition pour signer un contrat mirobolant, le plus élevé au monde pour un entraîneur de football, dont le montant est tenu secret. Il est vrai que Joan Gaspart, le président du Barça, n'est pas très regardant à la dépense. « Pour éviter que je parte à Naples, en 1984, Gaspart, alors vice-président du club, m'avait mis sous le nez un chèque en blanc pour mon nouveau salaire. " Ton montant sera le nôtre ! " m'avait-il dit », se souvient dans sa biographie la star argentine Diego Maradona. Ce qui n'avait pas empêché « el pibe de oro », « le garçon en or » de rejoindre le sud de l'Italie. Comme quoi...

6

Youri Djorkaeff
a aussi du talent en affaires

« Youri, c'était le plus élégant. Dans tous les sens du terme. La grande classe. Toujours tiré à quatre épingles, impeccable, mais jamais prétentieux. Pourtant, Dieu sait qu'il aurait pu l'être... » Les années ont passé, les joueurs ont défilé au camp des Loges, le centre d'entraînement du Paris-Saint-Germain, mais la marque reste indélébile : pendant un an, lors de la saison 1995-1996, Youri Djorkaeff a été parisien et cet éloge d'un « tonton » (on appelle ainsi les hommes à tout faire du PSG, ceux qui s'occupent des équipements et de la logistique) n'est pas près de prendre une ride. A Bolton, en Angleterre, où sa carrière l'a mené en février dernier, peu avant qu'il ne fête, le 9 mars, ses trente-quatre ans, Youri Djorkaeff déclenche les mêmes commentaires respectueux. Le champion du monde s'est fondu avec humilité dans un collectif de joueurs obscurs, avec un seul objectif, atteint : éviter la relégation en première division anglaise, l'équivalent de la division 2 en France. Un défi à l'image de son caractère. Youri n'a jamais mélangé les genres pour préserver l'essentiel : le bonheur de vivre, d'aimer son métier et les gens qui l'entourent, de partager. L'argent, il en a gagné. Beaucoup. A Monaco, Paris, Milan ou avec l'équipe de France. Mais depuis qu'il a décidé, adolescent, de suivre les traces de son père Jean, dit « Tchouki », ancien professionnel de Lyon, Paris ou Marseille, capitaine de l'équipe de France dont il porta le maillot quarante-huit fois, jamais l'appât du gain n'a pris le dessus. « C'est le fil rouge de ma carrière, explique Youri. J'ai toujours fait un choix sportif et non financier. C'est ce qui a été déterminant dans tout ce que j'ai entrepris. Contrairement à ce qui se passe actuellement avec de très jeunes joueurs auxquels on offre de gros salaires, j'ai toujours considéré qu'il fallait d'abord bien choisir son club, ses objectifs sportifs. Ce n'est qu'à partir de ce moment-là qu'on progresse. Et, alors, les bons contrats arrivent. L'argent ne doit pas être le moteur d'un footballeur. Pour moi, il n'y a pas de secret : il apparaît dans ta vie quand tu le mérites. Quand tu es bon. »

L'argent, les victoires, la gloire, Youri Djorkaeff va apprendre patiemment à les apprivoiser. S'il se sent mûr aujourd'hui et prêt à déjouer tous les pièges d'une vie aisée mais exposée, c'est qu'il a bâti sur du solide, sans brûler les étapes. « Ma passion pour le football s'est révélée assez tard, alors que j'avais douze, treize ans, raconte-t-il. Par rapport à la majorité des gosses, ce n'était pas précoce. Mais ça a été un déclic, vraiment très intense. Plus petit, à la fin de la carrière de joueur de mon père, puis quand il est revenu s'installer à Lyon comme entraîneur, on vivait bien mais le foot représentait plus d'inconvénients que d'avantages pour moi. J'en garde le souvenir d'un papa souvent absent. A l'époque, tous les déplacements des pros ne se faisaient pas en avion. Quand il rejoignait l'équipe de France, c'était pire encore, il partait pour une semaine minimum. J'en ai souffert, j'étais dérouté en tant qu'ado. Quand il y avait des conseils de parents d'élèves, papa n'était jamais là. C'est mon frère aîné Denis [qui est aujourd'hui son conseiller] qui m'a entraîné sur les terrains de foot. A seize ans, j'ai intégré le centre de formation de Grenoble, qui jouait en division 2. Mon premier chèque date de cette époque : je touchais 700 francs par mois, en tant qu'aspirant. C'était marrant, tout nouveau pour moi. Mes parents continuaient à me donner à côté un peu d'argent de poche.

Mais ces 700 francs, ils étaient faciles à gérer : ils partaient vite ! Je devais notamment payer le ticket de train aller-retour Lyon-Grenoble, une fois par semaine... A cet âge-là, tu ne penses pas à l'argent ! J'avais choisi ma voie, je voulais devenir footballeur professionnel, mais le salaire ne faisait pas partie de mes préoccupations. »

Nous sommes en 1984. Youri va rester six saisons dans l'Isère. Il fait ses gammes et devient vite, malgré son jeune âge, la star grenobloise. « J'ai signé un contrat de cinq ans, se souvient-il. Un bon contrat en respect de la charte en vigueur. De 700 francs, je suis passé à 1 300 en tant que stagiaire puis environ 4 000 comme professionnel. J'étais lancé. Ça suffisait à mon bonheur. J'avais mon appartement à Grenoble, je vivais avec les pros : j'allais dîner chez des gars qui avaient alors vingt-sept, vingt-huit ou trente ans. Cette vie, de seize à vingt ans, je n'en garde que de bons souvenirs. Ma jeunesse n'a pas été gâchée. Je vivais en dehors du circuit du centre de formation. On me regardait comme un petit phénomène mais moi je menais une vie normale, sans problème. J'ai été adulte très tôt, mais je ne le regrette pas car j'ai été vite autonome. »

Youri Djorkaeff est footballeur professionnel et brille sur les terrains de D2. Il s'accommode assez bien d'un patronyme peu facile à porter dans le milieu, tant son papa était respecté, aimé. Etre le fils de son père ne lui coupera pas les ailes pour autant car Youri est doué, très doué. L'heure de son premier transfert a sonné. « C'était à l'été 1989, raconte-t-il. J'étais au vert avec Grenoble. A Cuiseaux ou Gueugnon, je ne me souviens pas très bien. Je savais que mon père était en transaction avec les dirigeants grenoblois qui ne voulaient pas me laisser partir. Nous étions un peu en conflit. En fait, Daniel Hechter, alors président du Racing Club de Strasbourg, voulait m'acheter. Ce jour-là, mon père m'appelle et me dit : " Tu pars à Strasbourg ! " J'ai quitté le stage, je suis rentré à Grenoble puis j'ai pris le train pour Lyon où je suis arrivé à 2 ou 3 heures du matin. J'étais excité, fou de joie. Ce n'est qu'en arrivant chez mes parents que j'ai demandé quelles étaient les conditions de mon transfert. En fait, Strasbourg m'avait acheté 5 MF, ce qui faisait beaucoup d'argent quand même, avec un contrat de quatre ans. Mon salaire était triplé par rapport à Grenoble : je passais à 15 000 francs par mois, plus les primes. J'avais vingt et un ans et je rejoignais un club ambitieux qui visait la montée en première division. Je connaissais déjà Sophie, qui allait devenir mon épouse. La vie était belle. Mes potes de Grenoble montaient à Strasbourg tous les quinze jours. Je n'ai jamais eu autant de monde à la maison qu'à cette époque-là. Hélas, on a manqué la montée en D1 lors du dernier match de barrage, à la fin de la saison 1989-1990. »

Auteur de vingt et un buts en vingt-huit matchs de championnat, Djorkaeff commence à intéresser beaucoup de monde. Or le football entre dans une nouvelle ère. A Marseille et Bordeaux, Bernard Tapie et Claude Bez font valser les millions de francs. Le foot-business est en train de s'installer. Largement au-dessus de la moyenne au plan technique, chasseur de but instinctif (déjà !), Youri a la chance d'être bien entouré. Sa famille le garde éloigné du miroir aux alouettes. « Mon père gérait mes affaires, poursuit Youri. A Grenoble déjà, j'avais de l'argent placé à la Caisse d'épargne, un plan épargne-logement. Je n'ai acheté dans l'immobilier que beaucoup plus tard ! Je ne faisais que des investissements " pépères " car personne autour de moi n'avait l'envie ni les capacités de gérer des placements risqués. Quand tu économises petit, tu sais au moins où est ton argent... Le problème dans le foot, c'est qu'on ne t'éduque pas pour devenir businessman mais footballeur ! Or, déjà à l'époque, mais surtout maintenant, l'argent arrive très, très vite. Tu fais une bonne saison et on te fait signer tout de suite un bon contrat. Quand tu réussis, il y a un nombre incroyable de gens qui te contactent, te proposent tels ou tels produits, financiers ou autres. On s'aperçoit qu'il y a toute une sorte de combines pour détourner des fonds, payer moins d'impôts, etc. Personne n'est à l'abri et il faut faire très attention à ce que l'on fait. Or ta plénitude, comme footballeur, tu ne l'atteins qu'entre vingt-huit et trente ans, pas à vingt ! C'est pour ça que j'ai toujours été prudent, que je ne suis pas parti trop tôt à l'étranger. A mon époque, le but d'un joueur français était de jouer au PSG, à l'OM, à Monaco. Ensuite seulement, on partait à l'étranger, tout en jouant pour l'équipe de France. C'est ça une vraie progression. Aujourd'hui, le choix sportif n'existe plus. Les jeunes partent très tôt hors de France, touchent de gros salaires. Mais il y aura un jour une différence très voyante entre ceux qui gagneront très bien leur vie et les autres. Dans le championnat de France, il n'y aura plus que des joueurs moyens. »

Revenons à Strasbourg et à l'automne 1990. Youri a alors vingt-deux ans et s'apprête à franchir un énorme palier. Il faut dire que les choses évoluent en Alsace dans un sens qui ne lui convient pas du tout, comme il l'explique : « Il y a eu un changement de direction à la tête du Racing. Il y avait beaucoup de problèmes politiques et le président Daniel Hechter, qui n'a jamais été accepté au club parce qu'il est parisien, s'est fait virer. Or c'est lui qui m'avait fait venir ! J'étais très amer. J'avais envie de partir, d'autant que j'en avais assez d'évoluer en D2. Monaco, qui me suivait depuis quelque temps, s'est alors manifesté. En octobre, Strasbourg m'a vendu à l'ASM pour 10 MF, le double de ce qu'ils m'avaient acheté. C'était une bonne opération pour eux et c'était génial pour moi ! »

En fait, l'arrivée de Djorkaeff à Monaco va se faire en deux étapes. Youri a d'abord eu des sueurs froides : « Nous étions, avec mon père, dans le bureau du président monégasque, Jean-Louis Campora. Monaco était en position de force parce que je n'avais aucune expérience de la division 1. Ils me proposaient un contrat de dix ans ! Mon père discutait, discutait. Mais ça n'allait pas. Moi, dans ma tête, j'avais choisi ce club parce que l'entraîneur était Arsène Wenger, qui avait très bonne réputation, et qu'il y avait beaucoup de jeunes joueurs. Monaco jouait chaque saison le titre et pratiquait un beau football. Ce n'est pas pour rien si aujourd'hui, près de vingt ans plus tard, la moitié des joueurs de l'équipe de France sont passés par l'ASM ! Mais mon père avait l'impression que le président Campora ne m'appréciait pas à ma juste valeur. Alors, il s'est levé. Moi aussi. Et nous sommes partis sans rien signer. Poliment mais fermement. Heureusement, nous nous sommes revus et l'affaire a été conclue. Monaco m'engageait pour quatre ans et demi. Dans mon contrat, des primes étaient prévues si je remplissais un certain nombre d'engagements, comme un quota minimal de matchs joués, ou une première sélection en équipe de France. Bref, je touchais à l'époque entre 120 000 et 150 000 francs par mois. Surtout, j'étais dans la cour des grands. »

Même si ses débuts ne sont pas toujours roses à Monaco et la confiance de Wenger à son égard pas inébranlable, Youri Djorkaeff finira par s'imposer dans le club monégasque. Arrivé comme joker à la mi-saison, il joue vingt matchs de championnat, marque cinq buts et remporte son premier grand trophée : la Coupe de France. Surtout, malgré son jeune âge, il ne se laisse pas griser par l'ambiance monégasque qui a été fatale à plus d'un grand talent. Lui est là pour réussir et progresser. « J'ai bien vécu ces quatre ans et demi à Monaco, se souvient-il. C'était la division 1, une finale de Coupe des Coupes [perdue contre les Allemands du Werder Brême] en 1992, mes débuts en équipe de France le 13 octobre 1993 contre Israël, mon titre de meilleur buteur du championnat de D1 en 1994 [avec vingt buts pour trente-cinq matchs joués]. Le soleil et le site rendent la vie agréable en Principauté, mais moi je n'y goûtais qu'après l'entraînement. C'est sûr qu'il n'est pas facile d'exploser là-bas. Peu de joueurs l'ont fait. Mais moi, je ne me suis pas laissé bercer. Je donnais tout pour le foot, parce que le club était en haut de l'affiche. Monaco, quand il y a de bons résultats, c'est le club idéal. C'est là que j'ai passé le cap. A côté, je gagnais bien ma vie mais je ne faisais pas de folies. Mon seul caprice, ça a été l'achat de ma Porsche. J'en rêvais depuis que j'étais gamin. Même s'il avait fallu que je fasse un crédit sur vingt ans, je me serais acheté une Porsche. Mais mes parents m'avaient lancé un défi : " Gagne d'abord quelque chose et tu te l'offres ! " me disaient-ils. J'ai attendu de remporter la Coupe de France, en 1991, pour le faire. Aujourd'hui, je l'ai toujours, elle a dix ans, mais elle représente quelque chose. Je suis matérialiste sans l'être. Il y a des joueurs qui changent de voiture tous les trois jours. C'est leur problème. Je ne leur jette pas la pierre. Mais moi je n'ai jamais été comme ça. J'ai toujours fait attention. Quand tu gagnes plus d'argent, il faut faire attention... aux tranches d'impôt ! Ce qui m'a toujours guidé, c'est de ne jamais avoir d'arriérés, d'être toujours clean par rapport aux impôts. L'argent m'a servi à bien vivre, à me payer de beaux voyages avec ma famille et mes amis, à descendre dans de beaux hôtels, mais mon seul caprice, ça a été cette Porsche achetée en 1991 ! Je n'ai jamais pété les plombs. J'aime les beaux vêtements, je m'en offre, mais bon... J'ai tout mis de côté. De toute façon, je n'étais pas qualifié intellectuellement pour investir tout seul, prendre des risques, tenter des rendements extraordinaires. Sinon, tu y penses tout le temps, tu te demandes si la personne qui gère ta fortune va bien faire les choses... J'ai toujours préféré payer mes impôts et ne devoir rien à personne. Comme ça, je dors tranquille. »

Côté terrain, Youri va aller au bout de son contrat avec l'AS Monaco, jusqu'en juin 1995. En quatre ans et demi, il aura disputé cent cinquante-cinq matchs de D1 avec le maillot rouge et blanc, pour soixante buts. Surtout, il est désormais un des piliers de la bande-à-Jacquet. Lors de sa première titularisation chez les Bleus, le 16 février 1994, alors qu'Aimé Jacquet vient de succéder à Gérard Houllier après le désastre de France-Bulgarie, n'est-ce pas Djorkaeff qui donne la victoire à la France contre l'Italie, à Naples (1-0) ? Youri est papa d'un petit Sacha né en septembre 1993, il a vingt-sept ans et est prêt pour une nouvelle aventure, disposé à quitter la Côte d'Azur. « J'étais alors libre de tout contrat, explique-t-il.

Le Paris-Saint-Germain était alors le club numéro 1 en France, avec de gros objectifs européens. Les Parisiens restaient sur plusieurs échecs en demi-finale de Coupe d'Europe, ils constituaient un groupe solide et voulaient aller au bout de leurs ambitions continentales. Luis Fernandez, qui entraînait le PSG, me voulait dans son équipe depuis longtemps. Comme il n'y avait pas d'indemnités à payer pour me faire venir à Paris, l'affaire s'est faite. Le PSG avait bien ciblé son recrutement sans bouleverser son effectif qui était déjà riche. Loko, Dely Valdes ou Ngotty sont arrivés cet été-là en même temps que moi. Paris me proposait un contrat de trois ans, moi je ne voulais m'engager que pour deux, c'est-à-dire la même durée que le contrat entre le club et Canal Plus. Avec Michel Denisot, tout s'est bien passé. Le contact a été bon, tout de suite. J'ai tenu à assister à toutes les discussions d'avant transfert. J'ai toujours agi comme ça. J'aime bien rencontrer les présidents, connaître leurs objectifs, pour savoir si ça peut coller. C'est un plus pour le joueur, comme pour le président. On voit ainsi la détermination de chacun. J'avais fait la même chose avec Daniel Hechter et Jean-Louis Campora. J'aurai la même attitude un an plus tard avec Massimo Moratti, le président de l'Inter Milan... Souvent, un président ne parle que de chiffres avec sa future recrue : salaires, avantages, etc. Rarement de projets sportifs. Moi, je veux plus. Côté argent, j'ai quand même bien augmenté mon salaire en signant à Paris... »

Djorkaeff va défendre le maillot du PSG pour un salaire d'environ 400 000 francs (61 000 euros) mensuels. Mais surtout, il va faire figurer sur son contrat une clause qui stipule que celui-ci sera doublé en cas de victoire finale dans la Coupe des coupes que dispute cette année-là le club de la capitale. « Comme cela se pratiquait en Italie, je voulais une prime d'objectif, raconte Youri. Je voulais prouver que j'étais venu à Paris pour gagner quelque chose, pas seulement pour toucher un bon chèque à la fin de chaque mois. C'était

clair : j'allais très très bien gagner ma vie si on rempor-
tait cette Coupe d'Europe ! Une fois que tu y es arrivé,
la prime est d'autant plus belle que tu as aussi un trophée. Avec le PSG, notre objectif était donc commun.
Financièrement, j'allais gagner de l'argent si le PSG en
gagnait aussi. C'est comme dans une entreprise, avec
les cadres payés au pourcentage du chiffre d'affaires.
C'est un vrai deal. Et cet objectif, on l'a atteint ! »

Le 8 mai 1996, à Bruxelles, Djorkaeff et le PSG rem-
portent la Coupe des coupes, 1-0 contre le Rapid Vienne,
grâce à un coup franc victorieux de « Nounours », Bruno
Ngotty, qu'il a retrouvé l'hiver dernier à Bolton ! Youri
the Snake (le serpent), surnom qui l'a suivi à Paris
depuis Monaco (Marc Delaroche, gardien de but rem-
plaçant monégasque, avait surnommé Djorkaeff ainsi
car il n'arrivait pas à stopper à l'entraînement ses tirs
vicieux, aux trajectoires imprévisibles) ne s'est une nouvelle fois pas trompé d'objectif ! Cette Coupe d'Europe,
il la tient. Le PSG est le deuxième club français, après
l'OM en 1993, à toucher le Graal (on risque d'attendre
longtemps le troisième !). « Cette conquête nous a
coûté pas mal d'argent ! » reconnaîtra quelques années
plus tard le président de l'époque, Michel Denisot. Pour
Djorkaeff, c'est en tout cas le jackpot : la prime d'objectif de son contrat prend effet, le PSG doit lui verser
l'équivalent d'une année de salaire (environ 4,8 MF). A
Paris, l'ascension de Youri a été fulgurante. Non seulement sous le maillot parisien, mais avec l'équipe de
France. Le 16 août 1995, il a qualifié (et sauvé) l'équipe
de France pour l'Euro 1996 en Angleterre, en égalisant
d'un coup franc magique contre la Pologne au Parc (1-1).

Il lui reste un an de contrat avec le PSG, mais le club
parisien ne va pas pouvoir le garder. Le FC Valence a
proposé 15 MF puis 30 pour l'accueillir. Manchester
United, le FC Barcelone et l'Inter Milan ont surenchéri.
Le PSG est débordé. Le 20 mai 1996, Djorkaeff signe
pour quatre saisons à l'Inter. « En fait, il y avait une
période d'instabilité au PSG. Si j'avais su avec certitude
que Canal Plus n'allait pas se retirer, que la mairie de

Paris allait continuer à aider le club, je serais peut-être resté, explique Youri. En plus, Canal s'est manifesté trop tard. J'attendais que ses dirigeants le fassent dès décembre. Ils ne m'ont fait une proposition qu'en avril. Trop tard. Il y avait de grands clubs qui frappaient depuis longtemps à ma porte ! Le PSG m'a alors proposé un très beau contrat de six ans, mais, dans ma tête, je voulais partir à l'étranger. Pour voir comment c'était ! J'étais à fond PSG et Paris, je m'y étais imposé alors que ce n'est pas facile, mais l'Inter Milan, c'était quand même quelque chose. J'étais titulaire en équipe de France, il fallait que j'aille tenter ma chance dans un très grand club européen. Le PSG a réalisé une belle affaire : j'étais libre quand il est venu me chercher à Monaco et il m'a revendu à l'Inter 35 MF (5,34 M€) alors qu'il me restait un an de contrat. C'est une jolie plus-value. »

Comme toujours avec Youri Djorkaeff, outre l'aspect financier qu'il ne faut pas négliger, son transfert à l'Inter va aussi répondre à un coup de cœur. Il raconte : « Pour aller dans un club italien, l'aide d'un agent est quasi obligatoire. C'est Oscar Damiani qui a été le lien entre les dirigeants de l'Inter et ma famille. Un soir, nous avons mangé tous ensemble, Damiani, des avocats et managers, mon frère Denis et mon père Jean, chez Massimo Moratti, le président milanais. Il y avait là aussi deux figures de l'Inter : Sandro Mazzola et Luis Suarez. Je savais que j'allais quitter le PSG mais, la veille encore, j'étais fixé plutôt sur le FC Barcelone. Entre l'Inter et le Barça, c'était un terrible dilemme. Barcelone représentait énormément pour moi, d'autant que l'entraîneur catalan était Johan Cruyff et que je voulais travailler avec lui. Mais on m'a prévenu qu'il avait des problèmes avec ses dirigeants et qu'il allait quitter Barcelone, ce qui se produira effectivement. On a donc mangé chez M. Moratti. A la fin du dîner, ce dernier nous a appelés, mon père et moi, pour boire le café à part. Denis, Oscar Damiani, et les autres se sont retirés. Et là, c'est extraordinaire : avec papa et le président, on va parler sans fin de football. C'était une soirée de rêve.

J'avais besoin de ce nouveau coup de cœur, car j'étais encore très attaché à Paris. J'ai signé pour quatre ans. Mon salaire ? Disons que j'entrais là dans la sphère des très grands clubs ! » Youri sourit et, par pudeur, ne veut pas dévoiler les tenants et aboutissants de son nouveau statut. *Grosso modo*, le néo-Milanais voit sa rémunération multipliée par deux par rapport à Paris. On peut estimer qu'il gagne pour commencer environ 800 000 francs mensuels net (122 000 euros), sans compter les primes d'objectif qui lui tiennent à cœur, et que ce salaire ira crescendo pendant son séjour milanais. « Le président Moratti venait d'arriver à l'Inter, dont son père avait été déjà un grand président, poursuit Djorkaeff. Le club était en reconstruction et l'équipe venait de terminer 7e du championnat. Dès ma première saison, en 1996-1997, nous avons fini deuxièmes et perdu en finale de la Coupe de l'UEFA. L'année suivante, on gagnait la même coupe UEFA à Paris, contre la Lazio Rome. Surtout, je me sentais comme un vrai *interista*. Je me suis investi pendant trois ans dans ce club. Mes relations avec Massimo Moratti étaient, et sont toujours, extraordinaires. Le seul problème, c'est que nous ne sommes pas arrivés à remporter le *scudetto*, le titre de champion d'Italie. En mai 1999, le président décide de prendre du recul. Il me reste alors un an de contrat et il me propose de rempiler pour deux saisons supplémentaires, c'est-à-dire jusqu'en juin 2002. Sur son bureau, il me présente un contrat en blanc. Il veut que je signe ! Mais je sais que l'entraîneur va changer. L'ancien de la Juventus Turin, Marcelo Lippi, doit arriver. J'ai attendu de discuter avec lui. Or Lippi, je ne le " sens " pas. Le courant ne passe pas entre nous. Je ne voulais pas faire simplement partie de l'effectif. J'étais quand même plus qu'un joueur ordinaire : j'étais champion du monde ! Moratti m'a très bien compris et il m'a laissé ma liberté. » En trois saisons à l'Inter, Youri aura joué soixante-seize matchs de championnat d'Italie et inscrit trente buts. De belles statistiques dans la plus dure des compétitions au monde. Aux côtés du prodige brésilien Ronaldo ou du buteur chilien Zamorano, il a vécu des moments inoubliables.

Parallèlement, l'aventure des Bleus est allée jusqu'au bout, jusqu'au sacre du 12 juillet 1998. En tant que pilier de l'équipe de France, Youri a tout connu. La gloire absolue et son corollaire : un compte en banque qui n'arrête pas d'enfler. Avec le capitaine Didier Deschamps, Marcel Desailly et Laurent Blanc, il est un des quatre mousquetaires qui négocient les primes des joueurs. Il est champion du monde, sa fortune est faite, mais sa soif n'est pas étanchée ! En août 1999, Youri part à la découverte de la Bundesliga, le championnat d'Allemagne. Il signe un contrat de trois ans avec le club de Kaiserslautern pour un salaire un peu inférieur à 1 MF par mois. Ce transfert coûte 14 MF au club allemand qui ne compte par ailleurs aucune autre vedette dans son effectif. Séduit par l'entraîneur de l'époque, Otto Rehhagel, Djorkaeff a besoin aussi d'un peu de calme. « Kaiserslautern, c'était pour moi une bouffée d'oxygène, se souvient-il sans amertume. J'avais besoin de vert, de respirer un peu. C'est ça, d'oxygène ! » Lui qui s'est toujours dépeint comme un « pur citadin », qui vivait en centre-ville à Paris comme à Milan (à deux pas du Dôme), a choisi une petite ville d'Allemagne très « écolo ». Youri a besoin de décompresser mais demeure ambitieux. La preuve : au bout de sa première saison à Kaiserslautern, le voilà sacré champion d'Europe avec l'équipe de France, en juillet 2000 aux Pays-Bas, contre l'Italie ! Le fil bleu le maintient en effervescence car le remplacement d'Otto Rehhagel par Andreas Brehme va, hélas, changer la donne à Kaiserslautern : Youri ne s'entend pas avec l'ancien champion du monde allemand. Il boucle la saison 2000-2001 péniblement et peine à rester de l'autre côté du Rhin. A la fin de l'été 2001, son nom est fortement évoqué du côté de la Canebière, à Marseille, pour venir renforcer l'OM avant la fin du mercato. Sans suite, malgré l'envie du « Snake » de revenir en France la saison précédant la Coupe du monde asiatique. En février dernier, après six mois de calvaire au cours desquels il ne jouera quasiment pas pour sa troisième et dernière année de contrat avec K'Lautern, le voilà qui provoque une conférence de presse pour mettre ses dirigeants devant l'évidence : « Je n'en pouvais plus. Ils avaient promis de me laisser libre avant la fin de mon contrat qui arrivait en juin 2002, mais ils ont voulu encore se faire un peu d'argent dans mon dos. J'ai alors menacé de déballer certaines vérités pas bonnes à entendre pour eux. Finalement, ils m'ont donné raison. Je rejoue enfin au football à Bolton ! Je ne pense qu'à deux choses : sauver mon nouveau club de la relégation et m'envoler pour l'Asie et la Coupe du monde en mai... »

Auteur de deux buts décisifs synonymes de victoire le 23 mars dernier à Charlton, en championnat d'Angleterre, le « Snake » prouve assez vite aux dirigeants de Bolton qu'ils ont eu raison de lui faire confiance. Dans la foulée, le 27 mars au Stade de France, contre l'Ecosse, Youri Djorkaeff revient chez les Bleus et un double événement se produit : les champions du monde laminent les malheureux Ecossais du sélectionneur Berti Vogts (5-0) et Youri rejoint définitivement son père dans l'histoire de l'équipe de France en devenant son capitaine quand il entre en jeu à neuf minutes de la fin du match, à la place de Zinedine Zidane. Une fois de plus, ses objectifs sont sur la bonne orbite.

Bolton revit grâce à lui et enchaîne un nouveau succès contre Aston Villa (3-2) le samedi suivant en Premier League. Surtout, la Coupe du monde se profile pour celui que beaucoup enterraient quelques mois auparavant. A trente-quatre ans, le meilleur buteur des Bleus en activité n'a pas encore fini de grimper vers les cieux. Youri l'Arménien, si fier de ses racines, veut guider la France vers un deuxième titre mondial consécutif. Pour finir sa carrière internationale en feu d'artifice. Riche à millions d'euros, ce pur artiste du ballon rattrapé par la gloire, pourra alors dire, plus tard, à ses petits-enfants : « Faites comme moi, ne négligez jamais les rapports humains. Soyez humbles. Travaillez et ne brûlez pas les étapes. Alors, vous serez récompensés. »

7

Le grand malaise des clubs

L'anecdote a de quoi faire réfléchir. La scène se passe vendredi 1er février 2001, au siège de la Ligue nationale du football (LNF), rue Léo-Delibes (Paris 16e). Devant le conseil d'administration de l'instance supérieure du foot professionnel français, son président Gérard Bourgoin fait la lecture du rapport de la Direction nationale du contrôle de gestion (DNCG) sur les comptes des clubs en 2000-2001. Arrivé à la page 7, il blêmit, s'énerve et finit par déchirer la feuille. Il exige ensuite que la DNCG ponde un document un peu différent, pour diluer la mauvaise nouvelle : le bilan global des dix-sept clubs de D1 (Toulouse, le 18e, a déposé le sien et a été relégué en National) montre un endettement record de 1,935 milliard de francs (294,99 M€), un déficit vertigineux de la balance mutations joueurs (la France achète dorénavant beaucoup plus qu'elle ne vend) de 759 MF (115,71 M€) et un résultat net comptable fortement négatif : 379 MF (57,78 M€). Alors qu'il était positif en 1999-2000. L'endettement pour les vingt clubs de D2 s'élève à 30 MF (4,57 M€) mais la deuxième division a fait de bonnes affaires en matière de transferts avec un solde positif de 154 MF (23,45 M€).

Interdiction de publier tous les chiffres dans la lettre mensuelle de la LNF : seul le site internet diffuse ce rapport inquiétant de trente-deux pages. Interdiction aussi de diffuser les comptes club par club, classés confidentiel. En Angleterre, patrie du professionnalisme, ils sont mis sur la place publique, avec tous les détails... Pas non plus de bilan total de l'argent brassé par chaque enseigne, charges d'exploitation et charges de transferts comptabilisées ensemble. Il faut remonter à la saison 1998-1999 pour retrouver la trace d'un tel document, déjà classé top secret à l'époque. C'est plus qu'intéressant. Ainsi, cette saison-là, le budget « public » du PSG était de 307 MF (46,80 M€). En fait, le total de ses charges d'exploitation atteignait 884 MF (134 M€). C'est l'année où le nouveau président Charles Biétry avait, entre autres, embauché le Nigerian Augustine Okocha, pour un transfert de 100 MF. L'OM passait de 336 MF à 851 MF, Monaco de 237 MF à 659 MF, Lyon de 241 MF à 406 MF. Lorient, le plus petit, qui n'avait guère les moyens de recruter, passait de 63 MF à 65 MF.

Pour 2000-2001, ces vrais chiffres ne sont pas connus, le temps de la transparence n'est pas encore venu. Mais les informations distillées par la DNCG sont déjà suffisamment révélatrices d'une crise qui s'est lourdement accentuée en l'espace d'un an. En 1999-2000, l'endettement des dix-huit clubs de D1 n'était « que » de 1,118 milliard de francs (170 M€). En 1998-1999, il était de 756 MF (115 M€). Presque plus grave, la baisse des capitaux propres, c'est-à-dire tout ce qui constitue la réelle richesse d'un club. Pour les 17 clubs de D1, ils ne s'élèvent plus qu'à 550 MF (83,85 M€), contre 586 MF (89,34 M€) un an plus tôt (voir annexes). Les plus pauvres dans ce domaine ? Le PSG, l'OM, Rennes, Sedan et Strasbourg où ils sont inférieurs à 10 MF (1,5 M€), une misère.

Hormis Sedan, on retrouve les mêmes dans la liste des douze clubs professionnels les plus endettés : PSG, OM, Rennes, Metz et Strasbourg pour la D1, Grenoble, Créteil, Nîmes, Nancy et Martigues pour la D2 ; Angers et Valence en National. Seuls Auxerre, Lens, Lyon, qui a annoncé début 2002 un troisième exercice positif, et Troyes sont en bonne santé.

Curieusement, et après avoir, sur le coup, envisagé le

pire — dépôts de bilan, rétrogradation dans la division inférieure, crise majeure —, l'heure n'est pas à l'affolement général. « Il faut relativiser, ne pas faire de catastrophisme et rester optimiste, dit ainsi François Ponthieu, président de la DNCG. L'équilibre tient à peu de chose. » A la bonne volonté des investisseurs-actionnaires, par exemple. Robert Louis-Dreyfus ne cesse ainsi de remettre la main à la poche pour renflouer l'OM (voir le chapitre sur le club marseillais). Canal Plus, qui a déjà consenti des avances et des recapitalisations de plusieurs centaines de millions de francs depuis son arrivée au PSG en 1991, va éponger la dette du club parisien (entre 300 MF-45,7 M€ et 400 MF-61 M€) à moins que la crise ne l'emporte et que le désengagement de la chaîne, souhaité par la maison mère, Vivendi Universal, elle-même en grande difficulté, ne bouleverse la donne. En attendant, le PSG attend aussi beaucoup de la vente d'Anelka, Luccin et Distin. Preuve, s'il en était encore besoin, que les transferts doivent bien être comptabilisés dans le bilan général des clubs...

IMG-McCormack va combler le trou de Strasbourg (175 MF, 26,8 M€). Relégué en D2 en juin 2001, le club alsacien doit impérativement remonter en D1 à l'issue de la saison 2001-2002 sous peine de connaître des lendemains très difficile. Et le milliardaire François Pinault va trouver les 163 MF (25 M€) pour permettre à Rennes de respirer. Pour Metz ou les clubs de D2 (Alain Afflelou a abandonné Créteil à son triste sort fin février 2001), ce sera plus dur.

La situation serait donc grave mais pas désespérée. Sauf si tout le monde reste les bras croisés et si la fuite en avant se poursuit, on ne devrait pas assister à la même Bérézina qu'en 1991. Après des années de surchauffe dues, principalement, à une concurrence effrénée entre le Matra Racing de Lagardère, l'OM de Tapie, le PSG de Borelli et le Bordeaux de Bez — ce dernier n'a pas craint de dire un jour de 1984 : « Je n'aime pas que les petits clubs réussissent. La victoire de l'argent, c'est bien » — le réveil est douloureux. La DNCG, créée en avril 1990 à l'initiative de Noël Le Graët, alors président de la Ligue, livre son premier verdict un an plus tard : le déficit global du football professionnel atteint 1,5 milliard de francs. Un chiffre à mesurer à l'aune des budgets de l'époque : 250 MF (38,11 M€) pour l'OM, par exemple, 140 MF (21,34 M€) pour le PSG, alors qu'en 2000-2001 celui du PSG, hors transferts, s'est élevé à 579 MF (88,27 M€) et celui de l'OM à 330 MF (50,31 M€).

Le Graët tape du poing sur la table et les sanctions tombent : c'est le dépôt de bilan pour Bordeaux (trou de 300 MF, 49,73 M€), Brest (150 MF, 22,87 M€), Nice (55 MF, 8,38 M€), et Toulon (65 MF, 9,91 M€). Voilà comment le Breton restera dans l'imaginaire populaire comme l'homme qui a « assaini le foot pro ». Les collectivités locales sont également mise à contribution et la Ville de Paris participe à la reprise du PSG par Canal Plus (100 MF d'apport, 15,24 M€) avec un chèque de 50 MF (7,62 M€). La municipalité de Nantes fait le même effort pour les Canaris.

Après une embellie de quelques années, marquée par les victoires de l'OM et du PSG en Coupe d'Europe, le triomphe des Bleus au Mondial 1998 et à l'Euro 2000 mais aussi, financièrement, par le départ des meilleurs joueurs français à l'étranger, le système s'est sérieusement grippé. Le paradoxe est incroyable : jamais il n'y a eu autant d'argent dans le football hexagonal — le chiffre d'affaires de la D1 atteint 5 milliards de francs, 762 M€ — jamais les stades n'ont été aussi pleins — un record de sept millions de spectateurs pour les trois cent six matchs de la saison 2000-2001, soit un million de plus qu'en 1998-1999 — mais jamais les déficits n'ont été aussi alarmants. Et il faut remonter très loin pour retrouver des résultats aussi médiocres des clubs français sur la scène européenne : pas de quart de finaliste en Coupe d'Europe en 2000-2001 et 2001-2002, plus de quart de finaliste en Ligue des champions depuis Monaco en 1998. A l'indice UEFA, calculé à partir des performances des clubs en Coupe d'Europe, la France a reculé du 2e au 5e rang. L'Espagne, l'Angleterre, l'Italie et l'Allemagne sont devant.

C'est qu'à l'heure du marché unique européen et de la libre circulation des « travailleurs » — il n'y a plus de quota de joueurs communautaires dans les clubs depuis l'arrêt Bosman de décembre 1995 — la France cumule les handicaps. Le foot hexagonal a pu croire que le triplement de la manne télévisuelle aux termes des nouveaux accords de 1999 — les chaînes versent, on l'a vu, 2,7 milliards de francs, 411 M€, chaque année à la Ligue jusqu'en 2004 — réglerait une partie du problème. Cela a certes permis de combler une belle partie de l'écart avec les autres grandes nations européennes, mais cela a eu pour principal effet une explosion des salaires. Après une augmentation de 18 % en 1999-2000, la masse salariale brute a encore progressé de 22 % l'an dernier pour atteindre 1,963 milliard de francs (299,26 M€), le double par rapport à 1997-1998. Si les redevances télé constituent aujourd'hui 51 % des recettes d'un club, en moyenne, (1 % en... 1978, 30 % en 1994), les salaires et les charges sociales représentent 60 % des dépenses. On retrouve la même augmentation en D2 où les salaires et les charges comptent aujourd'hui pour 67 % des dépenses. « C'est une spirale infernale », lance Philippe Diallo, secrétaire général de l'Union des clubs professionnels français (UCPF). Et surtout, elle n'empêche par les meilleurs Français et les meilleurs étrangers, à de très rares exceptions près, de choisir plutôt l'Angleterre, l'Italie ou l'Espagne où l'explosion des salaires est comparable et où les revenus nets sont bien supérieurs. Tout en coûtant moins cher aux clubs.

Le handicap numéro un des clubs français, c'est bien celui-là : sur ce véritable marché unique des joueurs mais où les règles changent d'un pays à l'autre, le poids de la fiscalité et des charges sociales plombe le football hexagonal par rapport à ses voisins. Selon une étude du cabinet d'audit et de conseils Deloitte & Touche, rédigée à la demande de la Ligue, un club français doit dépenser 5,7 M€ pour pouvoir donner un salaire net annuel de 1,8 M€ à un joueur international. Il n'en coûte que 3,3 M€ à un club anglais et 3,4 M€ à un club espagnol (voir annexes). L'Etat et les organismes sociaux peuvent se frotter les mains : ils ont encaissé 2,1 milliards de francs (320 M€) en 1999-2000, contre 1,2 milliard (183 M€) en 1995-1996 grâce aux salaires du football. La contribution sociale et fiscale des clubs de D1 représente 43 % de leurs dépenses (50 % en D2). « Tant que nos lois fiscales et sociales ne seront pas harmonisées avec celles du reste de l'Europe, la France poursuivra sa chute et l'écart se creusera, dit le manager d'Auxerre Guy Roux (*France Football*, le 8 mars 2002). C'est comme si on demandait à un coureur du Tour de France de grimper le Tourmalet avec un sac à dos, des sacoches accrochées à son vélo et une remorque derrière. »

En attendant une éventuelle évolution de ce dossier sensible, en France comme à l'échelle européenne, les clubs de l'Hexagone ont d'autres revendications et d'autres chevaux de bataille pour s'aligner sur ce qui se fait ailleurs. « Nos structures sont anciennes et ne sont plus adaptées au sport professionnel », résume Philippe Diallo.

LES CLUBS EXIGENT DES RÉFORMES

C'est à l'hôtel Hilton d'Orly, les 27 et 28 janvier 2001, que trente-quatre des quarante-deux clubs pros, réunis sous l'égide de l'UCPF, ont élaboré et signé un document, dénommé « Charte 2002 des clubs de football professionnels français ». Dans la foulée, le 1er février, le conseil d'administration de la Ligue l'a adopté. Que veulent les clubs, ou plutôt leurs actionnaires majoritaires, qu'il s'agisse de Jean-Michel Aulas à Lyon, de Gervais Martel à Lens, de Canal Plus au PSG, de Dreyfus à l'OM, de Michel Seydoux à Lille, de la Socpresse à

Nantes ou encore de M6 à Bordeaux ? Des réformes législatives et réglementaires « nécessaires » pour :

— Obtenir la propriété de « la marque, du logo et des signes distinctifs du club », qui appartiennent aujourd'hui à l'association qui détient, par obligation légale, une part minoritaire dans le club. Canal Plus, par exemple, n'est pas propriétaire du nom Paris-Saint-Germain.

— Obtenir la propriété du numéro d'affiliation à la FFF, véritable permis de s'inscrire dans les compétitions nationales, qui appartient, lui aussi, à l'association.

— Devenir propriétaires de tous les droits d'exploitation liés à l'organisation des compétitions et des manifestations payantes. C'est-à-dire les droits télé, radio, internet, téléphonie (UMTS), etc. En Allemagne, Angleterre, Espagne et Italie, les clubs sont propriétaires de ces droits : ils peuvent les faire figurer dans les actifs de leur bilan. En France, ils appartiennent à la FFF (donc à l'Etat...) et leur commercialisation est gérée, collectivement et par délégation, par la Ligue. Ce que touchent les clubs, c'est une redevance qui figure au compte de résultats mais pas dans les actifs.

— Avoir la possibilité de faire appel à l'épargne publique et donc d'être coté en Bourse (voir chapitre « La Bourse, c'est la vie ? »).

Voilà pour les réformes destinées à attirer les investisseurs et à accroître les actifs des clubs français, qui en sont cruellement démunis. Seul Auxerre, par exemple, est propriétaire de son stade. En Angleterre, c'est quasiment la règle partout.

Précision essentielle : propriété individuelle des droits télé ne veut pas forcément dire négociation individuelle. Elle devrait rester collective et menée par la Ligue mais la Charte, tout en prévoyant des mécanismes de solidarité avec le football amateur, instaure une nouvelle clé de répartition de la manne télévisuelle afin d'en donner plus aux locomotives. Afin d'essayer de combler un peu le trou entre les clubs français les plus riches et les gros calibres du foot étranger qui ne sont pourtant pas au mieux, eux non plus.

Division 1 (81 % de l'ensemble des droits)
— 50 % à égalité avec une base de 54,5 MF (8,31 M€) de prime fixe pour chacun des vingt clubs pour les contrats signés jusqu'en 2004, évolutive à bonne fortune après 2004,
— 30 % selon le classement final du championnat
— 20 %, et c'est là la grande nouveauté, selon un indice de notoriété. Trois critères seront combinés, selon Philippe Diallo : le classement du club sur les cinq dernières saisons ; le nombre de spectateurs attirés au stade quand le club joue à l'extérieur ; et la notoriété proprement dite, établie à partir de sondages. Grands vainqueurs prévisibles : l'OM et le PSG. Et des débats sans fin à venir...

Division 2 (19 % de l'ensemble des droits)
— 91 % à égalité avec une base de 14 MF (2,13 M€) pour chaque club pour les contrats signés jusqu'en 2004, évolutive à bonne fortune après 2004 ;
— 9 % selon le classement final du championnat.
Pour accroître leurs ressources et tenter de diminuer leur dépendance vis-à-vis des droits télé, qui devraient stagner, voire baisser, dans les années à venir, les clubs vont aussi chercher à développer le merchandisage et les activités annexes, dans les stades et autour. C'est le nouveau restaurant et la nouvelle boutique du PSG au Parc des Princes, par exemple, ou son projet « L'Esprit Club » avec une carte de fidélité qu'il espère vendre à trois cent mille personnes d'ici 2004. Pour grappiller un peu d'argent supplémentaire, la Ligue a aussi essayé de vendre des droits de diffusion auprès des radios. Patrick Proisy, président du RC Strasbourg et chargé du dossier par la Ligue, espérait 10 MF (1,5 M€) pour la première saison, 2001-2002. Les modèles à suivre, dans ces domaines, sont allemands, anglais, italiens et espagnols, comme par hasard. Mais en France, l'affaire a capoté. Les radios

ont fait cause commune, et, au nom du respect du droit à l'information, elles ont boycotté l'appel d'offres. Elles ont seulement accepté de payer une « licence technique » de 1 MF (150 000 euros) environ chacune pour pouvoir continuer à diffuser leur multiplex.

En Angleterre, le chiffre d'affaires de la Premier League s'élève à 13 milliards de francs (1,98 milliard d'euros) contre 5 pour la D1 française (762 M€) et ce n'est pas dû qu'aux droits télé. En 1992-1993, les deux championnats avaient le même : 1,785 milliard de francs (272 M€)...

LA CRISE EST EUROPÉENNE

C'est une mince consolation pour le football français mais le constat est là : c'est tout le football européen qui est en crise pour avoir vécu trop longtemps au-dessus de ses moyens, pourtant colossaux, tout en continuant à croire qu'ils allaient augmenter sans fin. Mais la fête est finie. En Angleterre, la télé numérique ITV Digital, propriété des groupes Carlton et Granada, qui détenait les droits des trois divisions profession-nelles en dehors de la Premier League et s'était engagée à verser 3,35 milliards de francs (516,4 M€) sur trois ans, a déposé son bilan en mars et n'honorera pas ses engage-ments. Neuf cents des deux mille huit cents joueurs des championnats de D2, D3 et D4 sont menacés de chô-mage : une trentaine de clubs sont au bord du dépôt de bilan ou de la liquidation. Les autres parlent de réduire d'un tiers leurs effectifs. La tendance affectera rapide-ment la Premier League où la masse salariale a aug-menté de 190 % entre 1995 et 2000 et où 80 % des clubs sont endettés. Leeds a déjà annoncé un trou de 144 MF (22 M€). En Italie, en partie à cause des graves pro-blèmes de la chaîne payante Telepiu (1,5 milliard de francs de déficit, 230 M€), la moitié des clubs n'a pas de contrat télé pour 2002-2003 (là-bas, la négociation des droits est individuelle...) et les pertes globales de la Série

A pour 2000-2001 atteignent 2,6 milliards de francs (400 M€) dont 236 MF (36 M€) pour le seul Milan AC. Le club de Silvio Berlusconi serait endetté à hauteur de 1,1 milliard de francs (165 M€). La Lazio Rome veut trouver le moyen de réduire les salaires de ses joueurs. En Espagne, où de nombreux clubs ont engagé des vedettes avec de l'argent qu'ils n'avaient pas encore en spéculant sur de futurs droits télé, la moitié des clubs serait au bord de la faillite. Le déficit cumulé serait abyssal : 4,6 milliards de francs (700 M€). Et le fisc réclame beaucoup d'argent au Real, au Barça, à Valence... En Allemagne, après le dépôt de bilan de Leo Kirch, c'est aussi le désarroi. Les clubs de la Bundesliga craignent de ne plus pouvoir faire face, de devoir baisser leurs salaires et laisser partir les stars.

Explosion des salaires, atonie du marché des transferts, baisse prévisible des droits télé : l'inquiétude grandit au sein du G14, qui regroupe les clubs les plus riches d'Europe — le PSG et l'OM y ont un strapontin. Il réfléchit à des mesures pour juguler l'inflation dans les mois qui viennent. Cela pourrait aller jusqu'à un système de plafonnement de la masse salariale de chaque club, à l'image de ce qui existe déjà dans le base-ball et le basket américains. L'idée pourrait être de fixer un pourcentage maximum de masse salariale par rapport au budget du club. Très difficile à mettre en place. Qui contrôlera ? Et puis les fiscalités sont trop différentes d'un pays à l'autre pour assurer une égalité de traitement. Enfin, le risque d'un retour des caisses noires n'est pas écarter. Autre possibilité : un retour à une limitation des effectifs. A part l'Espagne — vingt-cinq pros par club — tous les autres pays autorisent un nombre illimité de contrats. C'est le cas en France depuis deux ans.

L'UEFA s'est aussi emparée du problème et va créer une DNCG européenne, sur le modèle français. Dur d'être éliminé de la Coupe d'Europe par un club scandaleusement endetté... L'UEFA a déjà instauré une licence européenne, qui entrera en vigueur pour la saison 2004-2005. Aucun club ne pourra plus participer à une Coupe d'Europe sans ce laissez-passer. Parmi les critères d'obtention, il y a la suppression de tout déficit (sauf si des banques ou des actionnaires présentent des garanties de recouvrement), le paiement des transferts à la date fixée par les contrats et la présentation d'un plan de trésorerie.

Une certitude : il va falloir faire quelque chose à l'heure où l'écart ne cesse de se creuser entre les plus riches et les plus pauvres, et où les résultats sont de plus en plus étroitement liés au chiffre d'affaires. La participation aux quarts de finale de la Ligue des champions depuis cinq ans, jusqu'à la saison 2001-2002, le montre bien. Sur 40 places (8 fois 5), l'Espagne en a pris 11, l'Angleterre et l'Allemagne 9 chacune, l'Italie 4 et tous les autres 7, dont une (Monaco) pour la France. La glorieuse incertitude du sport n'existe plus.

8

Manchester United,
le club le plus riche du monde

« The Theatre of dreams ». Le rapport financier de Manchester United porte un nom délicieusement poétique : le théâtre des rêves. Depuis la modernisation et la professionnalisation du championnat d'Angleterre en 1992, le club des Diables rouges a bâti les structures d'une multinationale ambitieuse et novatrice. Grâce à une politique de marketing agressive et finement calculée, MU est aujourd'hui le club le plus riche de la planète. Au bilan établi en décembre 2001 par le grand cabinet spécialisé Deloitte & Touche, l'entreprise mancunienne devance, dans l'ordre, le Real Madrid, le Bayern Munich, le Milan AC, la Juventus Turin, la Lazio Rome, Chelsea, le FC Barcelone, l'Inter Milan, l'AS Roma, Arsenal, Borussia Dortmund, Leeds United, la Fiorentina et les Glasgow Rangers.

Manchester incarne un modèle, étudié et envié par de nombreux investisseurs, dans la mesure où ses dirigeants ont réussi à se soulager du hasard des résultats sportifs. Ils ont développé une marque sur le long terme qui génère des sources de revenus indépendantes des recettes aux guichets.

Cette stratégie économique a demandé du temps pour prendre son essor. Avec intelligence, elle a été avant tout construite sur un projet sportif. Avant de penser aux dollars, Alex Ferguson a structuré un jeu. Pendant seize ans, il a composé une équipe avec des joueurs du centre de formation. Il a créé un jeu attractif, offensif et spectaculaire. Ensuite, il a acheté des stars pour dynamiser son collectif. L'arrivée d'Eric Cantona a déclenché la montée en puissance de l'Empire rouge. Cette cohérence économico-sportive a rassuré les sponsors et les actionnaires.

En ce début d'année 2002, les dirigeants mancuniens se précipitent davantage sur les journaux financiers que sur les pages sportives des tabloïds. En Bourse depuis juin 1991, la première cotation de l'action des Red Devils s'élevait à 13,95 livres (soit 23 euros). Elle a atteint son paroxysme en mars 2000 avec 412,5 livres (soit 691 euros). Si l'augmentation a atteint 850 % en moins de dix ans, la tendance est aujourd'hui à la baisse. Au 18 février, l'action s'échangeait à 137 livres (229 euros). Depuis un an, elle a perdu 42 % de sa valeur. Cette baisse constante depuis août 2000 s'explique par la conjoncture mondiale car l'entreprise n'a jamais été aussi florissante.

La société anonyme Manchester United (PLC en Grande-Bretagne) emploie aujourd'hui plus de cinq cents personnes, toutes réunies sous les tribunes aménagées d'Old Trafford. Cette centralisation des activités répond à un besoin d'efficacité mais également d'identification forte. Le chiffre d'affaires est estimé à 214,890 M€ en 2001. Le bénéfice net après impôt atteint la barre de 24,7 M€. Les recettes proviennent de quatre secteurs forts.

En 2000-2001, les billets d'entrée au stade représentaient 77,36 M€, soit 36 % des revenus du club. Vendus très cher, ces sésames sont également introuvables. Manchester compte 40 000 abonnés (772,46 euros l'abonnement annuel). Ensuite, 150 000 membres ont la priorité pour décrocher l'un des 28 900 sièges mis en vente. Pour assister à un simple match de championnat, les fans doivent débourser au moins 30 à 40 euros. Les prix flambent pour la Coupe d'Europe. Manchester peut fixer les montants de son choix car la demande écrase l'offre. Il faut même justifier de cinq ans de *membership* pour obtenir un abonnement à la saison. Pour patienter, il reste la solution de l'abonnement à MUTV, la chaîne du club disponible sur trois bouquets du satellite (Sky Digital, Telewest Active Digital, NTL Digital).

L'autre façon d'assister à une représentation du théâtre des rêves est l'acquisition d'une des nombreuses loges. Elles représentent 11 % de la capacité d'Old Trafford mais surtout 40 % des recettes de la billetterie. Le confort des supporters est le souci numéro 1 des clubs anglais. Depuis dix ans, ces derniers investissent des millions de livres pour traiter le spectateur comme un client. Cette modernisation des structures d'accueil pose d'ailleurs quelques problèmes. « Nos fans ne chantent plus comme avant, se plaint Roy Keane. Ils sont assis et bien nourris. Ils ne pensent plus à nous aider dans les moments difficiles. La culture populaire se perd. » Le capitaine irlandais se consolera en regardant sa feuille de paie. Roy Keane touche 78 714 francs (12 000 euros) par semaine.

Grâce à la télévision par satellite, Manchester United est une marque reconnue mondialement. D'ailleurs, ses droits TV représentent 24 % du chiffre d'affaires. Les clubs anglais ont remarquablement négocié les nouveaux accords avec BSkyB et ITV. Les contrats ont été signés sur une base de 800 M€ par saison. La répartition s'effectuant sur l'indice de notoriété et le mérite sportif, Manchester rafle le gros lot.

Les sponsors signent également de gros chèques pour apparaître sur les maillots rouges. En mai 1998, la marque de téléphonie mobile Vodaphone a remplacé Sharp sur la poitrine des Reds pour la somme de 47,11 M€ sur quatre ans. En juin 2002, Nike supplante Umbro et devient l'équipementier principal du club en alignant 594 M€. Le contrat court sur treize ans. Ce nouveau partenariat va également permettre de développer le marché mondial des produits dérivés.

Le merchandising constitue la quatrième source de revenus du club. Les trois boutiques du stade, dont un mégastore de 17.500 mètres carrés, sont ouvertes chaque jour de la semaine. Le soir des matchs, les supporters n'hésitent pas à faire la queue durant une bonne demi-heure pour simplement entrer acheter un gadget. Dans ce complexe d'avant-garde, les fans peuvent se retrouver au bar situé au premier étage. Un Indien barbu coiffé d'un superbe turban sert bière et thé comme aux plus belles heures des anciennes colonies britanniques. Au Reds' Café, les murs sont ornés des plus beaux portraits des idoles du club, les chaises rouges portent le nom et le numéro des joueurs et les écrans en plasma diffusent toutes les rencontres qui écrivent la légende de MU. Tout est pensé et conçu dans les détails. Pour son anniversaire, le vrai Mancunien peut commander son gâteau en forme de maillot rouge. Au premier étage, le musée de Manchester United protège tous les trophées remportés par le club mais aussi les maillots des plus grands footballeurs du monde (5,5 livres par personne). Un circuit touristique (vestiaires, tribunes...) est également offert dans les brochures (8,5 livres par personne). Tout est prévu pour accueillir la foule. Un parking de mille places a été construit en 2000 juste en face d'Old Trafford. Des cars venus de toute l'Angleterre arrivent chaque jour. Il existe même des passeports collectifs pour les écoles primaires et collèges (2 livres par étudiant, gratuit pour les professeurs...). De vieux journaux et des films d'actualité content dans le détail l'histoire heureuse mais aussi tragique de Manchester. La catastrophe de Munich le 6 février 1958 constitue un des moments forts de la visite. Ici, le supporter, même très jeune, est un client mais aussi un membre de la famille. Le club lui offre des maillots, des mascottes (Fred The Red) mais aussi des racines et une histoire collectives faites de sang, de sueur et de larmes. Pour les plus fous, il existe aussi une formule « mariage Old Trafford » : cérémonie religieuse dans les salons du club, photo souvenir sur la pelouse (en dehors des matchs), dîner dans les loges, nuit de noces à l'Hotel Quality Inn ou au

Tulip Hotel, situés en face du stade. Petit détail, le **Tulip Hotel** (1 000 francs, la nuit) fait aussi partie du patrimoine du club depuis la fin des années quatre-vingt-dix. Toujours à la recherche de sources de profits, les commerciaux de la maison rouge cherchent à développer le concept des bars et restaurants. Ainsi, en Asie du Sud-Ouest, on retrouve des Reds' Café à Kuala Lumpur, Hongkong et Bangkok. Un mégastore de 17 000 mètres carrés a également été ouvert à Singapour. Grâce aux chaînes du satellite, Manchester United est une marque reconnue en Asie. Tous les matchs des coéquipiers de Fabien Barthez sont diffusés chaque semaine. Peu importent l'heure et l'endroit, le site Internet (www.manutd.com) permet une connection directe avec le club. Comblés, les adolescents japonais, comme leurs copains anglais, trouvent facilement le magazine du club édité chaque mois sur papier glacé (4 livres). Encore plus fort, MU Finance a imaginé un autre concept. Il s'agit de proposer des comptes en banque rémunérés à 3,76 % à tous les supporters âgés de moins de dix-huit ans. On peut n'y déposer qu'une livre (1,65 euro). L'essentiel est de fidéliser la clientèle. La brochure n'hésite pas à être offensive : « Vous n'êtes jamais trop jeune pour commencer à épargner. Le Manchester United Junior Saver Account est le choix idéal pour commencer. » Intéressés, les parents peuvent ouvrir ces comptes épargne dès la naissance. A partir de sept ans, une autre formule est de nouveau proposée.

En haut de cette World Company, on retrouve un Ecossais austère : sir Alex Ferguson, anobli par la reine d'Angleterre. En février 2001, il a signé un nouveau contrat de trois ans. Fatigué par seize ans de règne, il devait assurer les fonctions d'ambassadeur de MU dans le monde. Pour l'inciter à garder son poste, le comité directeur du club a signé un gros chèque : 3, 6 millions de livres par an. Tout serait parfait au théâtre des rêves si les requins de la finance ne commençaient à tourner autour d'Old Trafford.

En février 2002, Manchester a connu une alerte

rouge après une augmentation du volume de ses actions sur le marché des changes. Depuis juillet 2001, JP McManus, propriétaire de chevaux et spéculateur avisé, a fait équipe avec John Magnier, son associé milliardaire, pour augmenter leur participation à 8,6 % dans le capital de Manchester. L'équipe des financiers de MU s'était préparée à une éventuelle OPA. Plus de cinq millions d'actions ont changé de main en quatre jours en octobre 2001 et trois millions ont été échangées en un seul jour de décembre 2001. En un simple après-midi de janvier, plus de deux millions d'actions ont fluctué et, en février, plus de un million et demi sur plusieurs jours consécutifs. Ces opérations étaient beaucoup plus élevées que le volume quotidien moyen de moins de 500 000 actions. Des sources proches de la société admettent que cette démarche est identique à celle qui a précédé l'opération menée par McManus et Magnier en juillet dernier. Ces derniers ont acquis des actions par le biais d'une société off-shore afin de dissimuler leur identité. Le porte-parole de MU Finance explique la situation dans le *Financial Times* du 28 février 2002 : « Nous faisons particulièrement attention à des échanges d'actions qui pourraient paraître suspects. » McManus est un ami de sir Alex Ferguson. Ils partagent ensemble une écurie de course. De façon étonnante, le cours des actions a plus que doublé le 28 février lorsque sir Alex Ferguson a annoncé qu'il resterait encore trois ans à MU.

Une autre menace plane sur l'Empire rouge. Lors de la saison 1999-2000, les salaires ont augmenté de 30 % en Angleterre, soit un flux deux fois supérieur à celui des recettes. Ainsi, en août 2001, Manchester a dépensé 537 MF (82 M€) pour recruter le buteur néerlandais Ruud Van Nistelrooy et le milieu de terrain argentin Juan Sebastian Veron alors que le club présentait un profit annuel de 282 MF (43 M€). Dans un pays où 80 % des clubs sont au bord de la faillite, ces investissements ne choquent plus. Grâce à la multiplication des ses activités, Manchester United n'a consacré l'an dernier que 39 % de son chiffre d'affaires à payer ses stars, alors que la moyenne en France est de 60 %. Un chiffre qui devrait néanmoins augmenter en 2002, jusqu'à représenter 50 %. Au théâtre des rêves, tout est permis.

9

L'OM vit grâce aux milliards de Louis-Dreyfus

Nul ne sait combien de temps encore Robert Louis-Dreyfus continuera à renflouer les caisses de l'OM et à tenir ainsi à bout de bras un club qui intéresse trop la justice. Depuis cinq ans, la danseuse du milliardaire lui aura apporté davantage de déconvenues et d'ennuis que de bonheur. Retour sur une histoire particulièrement gratinée. Printemps 1996. Après l'orgie des années fastes et le titre de champion d'Europe conquis en 1993 à Munich face au Milan AC (1-0), l'OM est sauvé d'une mort certaine par les pouvoirs publics. Les maires successifs, Robert Vigouroux puis Jean-Claude Gaudin, raniment un club exsangue et contraint de déposer son bilan, en créant une Société d'économie Mixte (Sem). La municipalité est ainsi le principal bailleur de fonds du club pendant la traversée du désert de D2 (1994 à 1996). « On ne gagne pas une élection municipale en aidant l'OM, mais on peut la perdre si on ne le fait pas », a coutume de dire le débonnaire Gaudin.

Le nouveau maire cherche pourtant à se débarrasser assez vite de ce bébé bruyant et dispendieux. Il confie donc à deux hommes la mission de chercher un repreneur crédible. A Marseille, on se souvient en effet de l'épisode ubuesque du pseudo-repreneur canadien Gislain Gingras, un escroc au petit pied déniché en 1994 par Alain Laroche, l'ancien directeur financier, avec la bénédiction de Bernard Tapie. Le premier mandaté est Pierre Dubiton, un vieux routier de l'OM. Ancien trésorier du club, puis juge-enquêteur chargé d'examiner les comptes de l'ère Tapie, cet expert-comptable a la réputation d'être rigoureux sur le plan de l'éthique, pointilleux dans son métier et d'humeur facilement volcanique. L'autre personnage est Jean-Michel Roussier, un jeune cadre issu du monde de la pub, recruté par l'ancien maire pour diriger la Sem. Les candidats repreneurs sont nombreux, le tandem fait le tri. Ils passent d'abord un après-midi à l'hôtel Royal-Monceau à Paris où ils rencontrent Fabien Ouaki, patron de Tati (les magasins populaires). Ce dernier, dans un souci de crédibilité, s'est adjoint le concours de Dominique Rocheteau, l'ancien « Ange vert », reconverti alors dans le business du foot en qualité d'agent et aujourd'hui président de la nouvelle commission d'éthique de la FFF. Mais la réunion est purement formelle. Pour les deux « chasseurs de têtes », Ouaki n'offre pas de garanties suffisantes. Ils partent alors pour Londres où les attendent une armada d'avocats et d'experts-comptables au siège de IMG-McCormack. La piste est très sérieuse. La société est un monstre du marketing sportif. Une journée entière sera donc consacrée aux contacts préliminaires.

Enfin, Roussier et Dubiton gagnent Nuremberg (Allemagne) où le président d'Adidas Robert Louis-Dreyfus, RLD pour faire court, les reçoit. Ce personnage, ils en savent la fortune immense, mais ils n'en connaissent pas le visage tellement l'homme est médiatiquement discret. Ils marquent même un temps d'hésitation quand, par déduction, ils arrivent à la conclusion que, parmi toutes les personnes rassemblées, la seule qui puisse être le boss est ce monsieur pas rasé, sans veste ni cravate, très relax. RLD, ancien étudiant d'Harvard dans les années soixante, cultive volontiers le style baba cool. L'homme d'affaires a fait venir à Nuremberg un représentant de Leo Kirch, qui dirige un immense empire médiatique allemand, et Jean-Claude Darmon, l'incontournable « argentier » du football français. La réunion dure six heures. RLD, qui avait été approché par Jean-Claude Gaudin, s'appuie sur les conclusions de l'auditeur qui a passé une journée à Marseille à éplucher les bilans de l'OM. Mais ce fan de football et de sport en général, membre du conseil d'administration du Bayern Munich, n'est pas convaincu de l'intérêt économique de l'affaire. Quelques jours plus tard, il décline l'offre par courrier. IMG devient alors le grand favori de la course, d'autant qu'il s'est allié à Nike. L'adoubement est programmé. IMG jubile déjà quand, brutalement, RLD fait savoir qu'il a changé d'avis. Adidas pouvait-il laisser son grand rival investir un tel club alors que devait se disputer deux ans plus tard la Coupe du monde en France ? Lors de l'annonce officielle du nom du repreneur, le 4 juillet 1996, Jean-Claude Gaudin cite Adidas alors que c'est bel et bien son P-DG qui se porte acquéreur, en nom propre, du plus titré des clubs français. L'histoire débute donc par un quiproquo. Un mauvais présage pour certains.

Robert Louis-Dreyfus ne sait pas encore qu'il met le doigt dans un engrenage infernal. Six ans plus tard, le 2 avril 2002, il se retrouvera convoqué par le tribunal de commerce de Marseille sur une initiative du procureur, inquiet de la santé financière et de la pérennité d'un club n'ayant connu que des déficits d'exploitation au cours des saisons précédentes. Un club qui ne tient qu'à la générosité forcée d'un homme comblant les trous sans sourciller, mais qui se trouve par ailleurs confronté à de difficiles épreuves. C'est un échec terrible pour un homme qui a déjà investi à fonds perdus près d'un milliard de francs (150 M€), une tache indélébile sur sa réputation d'homme d'affaires avisé, un frein pour tout autre investisseur potentiel.

Et pourtant, tout avait commencé dans l'euphorie. Malgré sa discrétion et sa timidité, RLD accepte de grimper dans les tribunes des virages du Stade Vélodrome pour serrer des mains et répondre aux questions des supporters, le soir du premier match en D1 contre Lyon, le 9 août 1996 (3-1). Lors des multiples interviews accordées au cours des jours suivants, Reto Stiffler, un hôtelier de Davos, associé de RLD au sein de Eric Soccer, la SA propriétaire de l'OM, se laisse aller à la griserie. « Nous allons exploiter la marque OM sur les produits dérivés, lance ce compagnon de safaris au Kenya, de sorties en skis et de fêtes. Un jour, même les cercueils porteront le sigle OM. » Imprudente certitude : en 1999, OM Exploitation, chargée de commercialiser les produits dérivés, fera un bénéfice dérisoire de 14 949 francs (2 279 euros). La marque se vend effectivement bien mais les coûts de gestion sont irrationnels. L'été 1996, c'est le temps de la lune de miel et des déclarations d'intention ronflantes. Louis-Dreyfus ne s'était engagé que sur une chose : il investirait 145 MF (22 M€) sur deux ans pour recruter des vedettes. Le budget, qui avait atteint près de 600 MF (91 M€) sous Tapie, était redescendu à 72 MF (11 M€), vitesse de croisière acceptable pour un club évoluant en D2. Il double après le retour en D1. Pedros, Roy, Gravelaine, le Bulgare Letchkov, l'Allemand Köpke sont les principales recrues d'une saison sans éclat marquée, déjà, par des luttes intestines. Une défaite contre Nantes au Stade Vélodrome, le 25 octobre 1996, provoque une première crise. Les joueurs restent bloqués pendant deux heures dans le vestiaire, les CRS interviennent pour empêcher les supporters de casser les voitures, des maîtres-chiens sont en faction autour du centre d'entraînement de la Commanderie. RLD, qui ne sera officiellement patron que le 14 décembre avec la création de la SAOS, erre dans les couloirs, avec un sourire de façade. Lui qui veut faire de l'OM « le Bayern de la Méditerranée » comprend alors que ce ne sera pas tâche facile de déménager le nord au sud. Pedros, qui a dû faire le coup de poing pour sortir du parking ce soir maudit d'automne, quittera le club. Acheté 13 MF (2 M€), il sera officiellement revendu 21 MF (3,3 M€) à Parme. C'était encore l'époque où le club pouvait faire des plus-values....

La sourde rivalité entre Roussier et l'entraîneur Gérard Gili, qui empoisonne l'ambiance pendant cette saison 1996-1997, se conclut par le départ du coach avec une indemnité estimée à 4,6 MF (760 000 euros). En mai, il est verbalement lapidé par RLD au cours d'une conférence de presse. Le patron, sans un regard pour l'entraîneur présent dans la salle, balance : « Il avait mon numéro de téléphone, pourquoi ne m'a-t-il pas appelé pour parler de ses problèmes ? » La déroute à Lyon (8-0) est le dernier clou dans le cercueil. L'image de RLD est déjà catastrophique. Le public lui décerne des surnoms railleurs, le « fantôme » ou l'« Arlésien ». Il n'est venu qu'à huit reprises au Vélodrome. L'heure du roué Rolland Courbis a sonné. Dubiton, qui connaît l'homme, a joué les entremetteurs. Louis-Dreyfus a rencontré le coach de Bordeaux en mars 1997 et la gouaille canaille du « Gros », comme ses amis le surnomment, a séduit l'héritier en rupture de ban d'une famille de grands bourgeois. En quelques semaines, Courbis va obtenir de négocier les transferts directement et exclusivement avec RLD. Roussier signera les contrats et Dubiton fera les chèques. Le budget et les ambitions vont alors exploser. L'OM redevient le club des gros coups.

Barcelone, juin 1997. Joan Gaspart, le vice-président du Barça, a pour mission de négocier avec Roussier le transfert de Laurent Blanc, le président Nunez étant en voyage d'affaires pour régler le cas du Brésilien Ronaldo. Gaspart parle un français châtié, l'accord intervient vers deux heures du matin. Le transfert se monte à 25 MF (3,81 M€) et le libero des Bleus touchera un salaire de 600 000 francs bruts par mois (92 000 euros). Comme le Barça doit encore disputer la finale de la Coupe du Roi, on s'arrange entre gentlemen. Blanc, désormais olympien, jouera ce dernier match, une assurance spéciale étant contractée par le club catalan pour ces quatre-vingt-dix minutes de rab. « C'est cadeau pour un transfert de ce calibre », dit un administrateur du club espagnol. Mais quand il revient à Marseille, une surprise de taille attend Roussier. Rolland Courbis ne veut plus de l'international. « S'il ne faut qu'un gros transfert cette année, je veux Savicevic. » Il développe ses arguments, un avion est affrété pour aller voir le « génie du Monténégro » et ses représentants. Mais le montant de la transaction est trop élevé. Première anicroche.

Le clash viendra fin septembre 1997. Une réunion est organisée à la veille d'un match à Bordeaux par RLD, dans les bureaux parisiens des frères Angeloglou, conseillers fiscaux et juridiques de l'homme d'affaires. Dubiton y demande une avance sur trésorerie. « Au cours de la semaine, Rolland m'avait pris à part et m'avait dit qu'il voulait faire venir Ravanelli comme joker. » Le directeur administratif et financier s'inquiète. Il a peur de ne pouvoir tenir le budget. L'Italien coûte 60 MF (9 M€) en indemnités de transfert et un salaire mensuel de 800 000 francs net (122 000 euros). « On est en automne, je me demande alors si je vais pouvoir payer les salaires de mars », raconte Dubiton. La discussion prend une tournure plus véhémente. Dubiton a une autre inquiétude qu'il formule à haute voix. « Robert, que se passera-t-il si tu venais à disparaître, le club dépend exclusivement de toi ? »

L'administrateur a appris depuis peu l'existence de la maladie de son patron. RLD se tourne vers les Angeloglou. « C'est vrai, il faut prendre des mesures », lâche-t-il. Mais l'intervention est reprochée à Dubiton. « C'est une hypothèse catastrophiste, Pierre », rétorque Roussier. L'ancien légionnaire s'entête, réclame des garanties qui ne lui seront pas accordées. Il démissionne dans la soirée. Le transfert de Christophe Dugarry suit en décembre 1997, comme un autre signe tangible de la dérive. Ce n'est plus le doigt mais la main de RLD qui se trouve dans l'engrenage. Qu'importe, il a le bras long et ne semble pas se soucier de ceux qui se demandent pourquoi il accepte de dépenser autant d'argent. A la fin de cette saison 1997-1998, le déficit du compte d'exploitation sera de 127 MF (18,5 M€), alors qu'il avait été seulement de 23 MF (3,5 M€) la saison précédente. Courbis raisonne en termes d'efficacité sur le terrain, il veut des noms, il n'a plus le frein farouche que constituait Dubiton. Il rêve. Et parfois tout haut. Un soir, dans un restaurant marseillais, « Chez Michel », il parle d'embaucher José-Luis Chilavert, le fantasque gardien paraguayen. Un client entend la conversation et téléphone à un journaliste. L'AFP et *La Provence*, médias alors en pointe sur les transferts, sortent l'histoire. Le lendemain matin, un agent de joueurs marseillais levé de bonne heure lit l'article, téléphone en Argentine au club de Velez Sarsfield, l'employeur de Chilavert, obtient le mandat exclusif de négociation et place très haut la barre de sa commission. L'affaire capotera.

Le recrutement de la saison 1998-1999 sera du même tonneau. Pires, Maurice, Porato, Bravo, Luccin arrivent. Les frontières se sont ouvertes, le football européen a changé d'ère. L'idée est de faire des plus-values intéressantes, de nature à rétablir l'équilibre des comptes du club. Sur le terrain, cette saison est la seule qui soit digne des ambitions de l'OM : finale de la Coupe de l'UEFA contre Parme à Moscou (perdue 3-0) et deuxième place en championnat. Mais, financièrement, c'est une catastrophe : 58 MF de déficit (7,9 M€) en 1998-1999, et encore 87 MF (12,4 M€) en 1999-2000. Des joueurs de cette génération, trois seulement généreront une plus-value. Peter Luccin acheté 50 MF (7,7 M€), est vendu 70 MF (10,6 M€) au PSG, moins 6,5 MF (1 M€) de commission partagés entre ses deux agents, Stéphane Courbis et Gilbert Sau. Stéphane Porato a été acheté 21 MF (3,2 M€) et revendu 32 MF (4,8 M€) à Monaco, moins 3,2 MF (490 000 euros) de commission. Enfin, William Gallas, payé 5 MF (760 000 euros) à Caen est revendu 60 MF (9,2 M€) à Chelsea. La négociation a été menée directement par RLD qui a rencontré Colin Hutchinson, le directeur général du club londonien. Il y a en revanche de nombreuses moins-values. L'une concerne le transfert de Robert Pires à Arsenal (– 12 MF, 1,8 M€).

Après le départ de Roussier, le 29 avril 1999, Louis-Dreyfus fait venir un manager connu à Adidas, Yves Marchand. Cet homme au caractère psychorigide, qui ne connaît rien au foot, comprend vite que la situation économique peut tourner au désastre et va rapidement se heurter de front avec Rolland Courbis. Le 25 novembre 1999, le coach jette l'éponge. Avec lui se referme la plus belle période sportive de l'ère Louis-Dreyfus. Courbis, dont les émoluments mensuels étaient passés de 200 000 francs (30 530 euros) en juillet 1997 à un net à payer de 1,2 MF (183 900 euros), primes comprises, en mai 1999, touchera plus de 20 MF (3 M€) d'indemnités de licenciement. L'équipe va alors s'engluer dans les bas-fonds du classement. Les supporteurs grondent à nouveau. Gérard Bourgoin, fraîchement élu président de la Ligue nationale, en reste bouche bée en s'installant dans la tribune officielle du Stade Vélodrome à l'occasion du match OM-Lyon. Le matin, il a lu dans *La Provence* que RLD consentait une rallonge de 30 MF (4,5 M€) pour le recrutement du « mercato » 2000. Et là une banderole déployée dans le virage à sa gauche clame : « RLD, rends les sous au peuple marseillais ». « Casse-toi », lance une autre. Un tract tiré à dix mille exemplaires rend « Jean-Claude Gaudin responsable de la venue de RLD à l'OM ». « Eh bien, ce ne sont pas des sentimentaux, ces mecs », lâche Bourgoin, qui n'en est pas vraiment un lui-même.

Ce qu'il ignore, c'est que, deux jours plus tôt, Yves Marchand a réuni les supporters pour faire mousser les 30 MF et s'acheter une paix sociale. « Je lui avais dit qu'il allait droit dans le mur », se souvient Eric Di Meco, alors manager sportif. « En fait, il a laissé entendre qu'il faudrait vendre les meilleurs joueurs en fin de saison », raconte Christian Cataldo, président des Dodgers, un club de supporters. Le divorce est dès lors consommé. Marchand et Di Meco quitteront le club en novembre 2000.

RLD, qui a payé de sa poche la dernière traite (31 MF, 4,7 M€) du transfert du Brésilien Marcelinho, inefficace à l'OM et qui fait aujourd'hui les beaux jours du Hertha Berlin, ne cache pas son intention de s'éloigner de cette danseuse capricieuse et coûteuse. Il confie à Yves Marchand la mission de trouver des partenaires. Celui-ci approche une grande société italienne de BTP, intéressée par une prise de participation dans les travaux d'un grand centre de vie OM prévu tout à côté du Vélodrome, au Chevalier-Roze, avec boutiques et restaurants. Mais les industriels transalpins déclineront finalement l'offre. Les plans du fameux centre sont toujours dans les cartons. Le seul « repreneur » que trouve RLD est le plus improbable qui soit : Bernard Tapie. L'homme auquel il a succédé à la tête d'Adidas. Celui avec lequel il est en litige dans l'affaire du Crédit Lyonnais. Celui dont les supporteurs ont si souvent scandé le nom, oubliant la corruption de VA-OM et la prison, quand le onze de RLD était médiocre sur le terrain.

Les deux hommes tombent d'accord début avril 2001. Tapie, qui est interdit de gestion, prend une participation sous forme d'actions. Il décide de faire de Pierre Dubiton son joker de moralité. Les deux « complices » se rencontrent chez un ami commun, le docteur Albertini. Luciano D'Onofrio, agent aussi célèbre que discret, mis en cause dans le procès des comptes de l'OM, accompagne Tapie. Les deux hommes décident de travailler ensemble. L'entente cordiale ne durera que le temps d'un transfert. Celui du Polonais Piotr Swierczewski qui, pour venir à l'OM, demande 4 MF (600 000 euros) de prime à la signature, 15 000 francs (2 300 euros) mensuels de prime de logement et un salaire de 700 000 francs (107 000 euros). Dubiton refuse. Il reçoit alors un coup de fil qu'il raconte : « Tapie m'a dit : " Quand je demande quelque chose, on le fait. " » Le ton monte, premières insultes. Tapie reprochera ensuite à Dubiton la gestion du transfert de Pascal Nouma, négocié le dernier jour du « mercato » d'été 2001-2002. « Le joueur est arrivé de Turquie à 21 h 30, souligne Dubiton. Nous n'avions aucune marge de manœuvre. » Il signe à 3 h 20 du matin. L'OM tente bien de faire croire que le contrat a été paraphé avant minuit. La ficelle est trop grosse. Nouma sera considéré par la Ligue comme un joker. Il touchera 900 000 francs (137 000 euros) par mois avec une perspective d'augmentation à 1 MF (152 000 euros) en 2002-2003.

C'est la saison la plus folle sur le plan des transferts. Cinquante-huit mouvements de joueurs sont enregistrés dans un climat de suspicion. L'enquête sur les comptes de l'OM au sujet des transactions entre 1997 et 1999, l'ère Courbis, pèse sur l'atmosphère. En février 2002, plusieurs quotidiens révèlent que les juges Frank Ledou et Laure Roche, chargés d'instruire le dossier dans le cadre de l'information judiciaire ouverte le 8 décembre 1999, soupçonnent d'importants détournements de fonds. Deux transactions interpellent notamment les magistrats : le transfert du Ghanéen Arthur Moses qui a coûté au club près de 12 MF (1,8 M€) alors que le joueur n'était pas qualifié, n'étant pas ressortissant de l'Union européenne ; et celui du Paraguayen Ismaël Rojas pour lequel l'OM aurait payé 3,8 MF (580 000 euros) à un intermédiaire. Le joueur n'est jamais venu à Marseille. « Il n'y a jamais eu de commissions occultes à l'OM », assure Rolland Courbis qui explique le surcoût payé pour Rojas par une erreur d'appréciation sur la valeur du joueur. Selon d'autres sources proches de l'enquête, ce seraient 31 MF (4,72 M€) qui auraient été détournés à l'occasion du transfert de cinq joueurs (Rojas, Da Silva, Guel, Ravanelli et Moses). Pour l'heure, aucune mise en examen n'a encore été prononcée dans ce dossier.

Parallèlement, la justice appréhende un homme qui a joué le rôle d'agent de l'OM à trois reprises : Jean-Luc Baresi, écroué pour « menaces de mort et extorsion de fonds » dans un autre dossier, la sécurité dans les docks du port de Marseille. L'avenir de l'OM s'assombrit brutalement. L'ancien « juge rouge » Etienne Ceccaldi, nouveau directeur général du club, dont Pierre Dubiton a brisé le nez d'un coup de tête, assure dans *La Provence* que le club « est mis en coupe réglée par le milieu ». Visés : Baresi et Sau, soupçonnés d'avoir touché des commissions occultes. Ceccaldi s'est étonné que ce dernier soit censé toucher 15 % des salaires de Pascal Nouma, bien au-dessus du taux légal de 10 %, alors qu'il n'est même pas l'agent du joueur. Le directeur général, en guerre avec Tapie qui doit prendre du recul en septembre pour jouer *Petit dîner aux chandelles* au théâtre du Gymnase à Paris, a mandaté Serge Scalet, un agent non agréé par la Fifa, pour vendre vingt joueurs. Stoïque, RLD fait savoir qu'il tiendra ses engagements financiers pour 2001-2002 (déficit estimé à 150 MF, 23 M€) et pour 2002-2003. « Mais jusqu'à quand ça va durer ? » se demande, inquiet, une figure politique locale.

Sans doute quelques mois encore. Sans Tapie, qui va prendre du recul en gardant un simple rôle de « consultant », mais avec un nouveau manager général et un nouveau P-DG pour la société Eric Soccer. Ceccaldi, lui, a un contrat de trois ans, à 150 000 francs (23 000 euros) par mois, plus 15 000 francs (2 300 euros) de prime de logement et une voiture de fonction.

10

La Bourse, c'est la vie ?

Il arrive, parfois, que la presse raconte des bêtises. Ainsi, début 1997, quelques quotidiens anglais annoncent que le PSG, fort de deux exercices positifs consécutifs sous la présidence de Michel Denisot et de sa présence parmi les quinze clubs les plus riches du monde, prépare son introduction à la Bourse de Londres (London Stock Exchange). La rumeur fait long feu. Les dirigeants parisiens ne travaillent pas sur la question, et pour cause : le statut juridique des clubs français interdit le recours à l'épargne publique à travers la cotation boursière. Un petit « détail » que les Anglais ont oublié et ont, de toute façon, du mal à comprendre, eux qui baignent là-dedans depuis si longtemps : c'est en 1983 que Tottenham Hotspur est devenu le premier club britannique coté en Bourse. Ils sont vingt aujourd'hui (voir liste en fin de chapitre).

Depuis plusieurs années, les présidents des locomotives du football hexagonal, Jean-Michel Aulas (président de l'Olympique Lyonnais) en tête, réclament cette possibilité, ouverte à leurs homologues anglais, italiens, espagnols (depuis 2002), allemands, danois, autrichiens, belges, écossais, suisses, néerlandais et portugais. Fin janvier 2002, la Charte adoptée par la quasi-totalité des clubs pros français a demandé officiellement « l'accès dans les conditions réglementaires généralement applicables aux sociétés commerciales à l'appel à l'épargne publique ». Marie-George Buffet, ministre de la Jeunesse et des Sports, et avec elle une bonne moitié de la population, y est farouchement opposée. Un changement de majorité aux élections présidentielle et législatives du printemps 2002 ne serait pas pour déplaire aux patrons des grands clubs...

Pour bien comprendre l'exception française et la nature fortement idéologique de ce débat, il faut se plonger un moment dans l'histoire. Jusqu'en 1975, les clubs ne sont rien d'autres que des associations, soumises au régime de la fameuse loi de 1901. Le sport est avant tout considéré comme un service public et ce statut juridique est, selon ses partisans, le plus à même de préserver l'amateurisme et ses valeurs des aléas du commerce et de la recherche du profit. Comme l'écrivent Jean-Michel Faure et Charles Suaud (*Le Football professionnel à la française*, PUF, 1999), « la transition vers un football professionnel de plus en plus soumis aux lois du marché est rendue d'autant plus difficile qu'elle prend l'allure d'une opposition irréductible entre la sauvegarde des valeurs du sport et une inévitable prise en compte des impératifs économiques ». On avance tout de même un peu en 1975 avec la création des Sociétés d'économie mixte (Sem) : Lille et Mulhouse, jusqu'en 1984, sont les deux seuls clubs à adopter ce statut qui prévoit que les municipalités détiennent 49 % des parts. Les mairies et autres collectivités territoriales ont un poids croissant, épongent les dettes, garantissent les emprunts, font et défont les présidents, mais les clubs restent régis par la loi de 1901. En juin 1983, l'endettement des clubs atteint 90 MF et une réaction s'impose. Edwige Avice, ministre socialiste des Sports, fait voter une loi, en avril 1984, qui impose aux clubs les plus riches de se constituer en Sem ou, c'est la nouveauté, en Société anonyme à objet sportif (SAOS). Cette dernière a toutes les prérogatives d'une société anonyme classique, sauf qu'elle ne peut distribuer des bénéfices et des dividendes. Autre garde-fou pour protéger l'intérêt public et éliminer les risques de commercialisation abusive : la SAOS ne prend pas la place de l'association. Elle lui est adjointe et la majorité du capital et des voix doit être détenue par l'association, responsable des équipes amateurs et de la formation. Malgré toutes ces précautions, la loi Avice est vilipendée par les institutions du football. Adolphe Touffait, grand magistrat et ex-international dans l'entre-deux guerres, monte au créneau : « C'est prétendre marier l'eau et le feu que de vouloir associer pour une même cause deux entités juridiques aussi fondamentalement différentes qu'une association et une société. »

Dans la deuxième partie des années quatre-vingt, l'argent commence à couler à flots (Bez, Lagardère, Tapie...) et la gestion et le contrôle des comptes sont si lâches que le football français se réveille un beau matin de l'année 1990 avec un trou de 1 milliard de francs. En janvier 1991, dans la foulée du rapport Sastre, un nouveau texte, concocté par Roger Bambuck, est voté. La loi oblige les clubs à choisir entre la Sem, la SAOS et l'association à statuts renforcés.

Les Sem vont rapidement disparaître. Le financement des clubs pros par des collectivités locales — spécificité française — est jugé anticoncurrentiel par la Commission européenne. En janvier 1996, le décret d'application de l'amendement Balkany à la loi Pasqua de 1994 ordonne la réduction progressive puis la suppression totale, au 1er janvier 2000, des subventions publiques. Elles constituaient encore 25 % des recettes des clubs de D1 en 1996, 29,6 % en D2. En 2000-2001, elles n'en représentaient plus que 4 % et 15 %, respectivement. Car les subventions existent toujours. Marie-George Buffet a arraché leur prorogation auprès de Bruxelles, mais avec un plafond : 15 MF (2,29 M€) en subventions directes plus 10 MF (1,52 M€) en contrats de parrainage. Le PSG, qui touchait encore 43,6 MF (6,65 M€) de la mairie de Paris en 2001-2002, fait grise mine. A partir de 2002, il ne touchera plus que 23,6 MF (3,6 M€).

Mais Mme Buffet a fait autre chose, de beaucoup plus important. Avec sa loi de 1999, elle a créé un nouveau statut pour les clubs : la Société anonyme de sport professionnel (SASP). Avancée considérable dans le contexte hyperconcurrentiel d'aujourd'hui : la possibilité de verser des dividendes à ses actionnaires et d'ouvrir son capital aux investisseurs. Mais, tare rédhibitoire aux yeux de l'Union des clubs professionnels français, ces sociétés anonymes, au contraire de toutes leurs petites ou grandes sœurs, ne peuvent être cotés en Bourse. Toujours ce vieux débat sur la nature et le rôle du sport et ces différences fondamentales avec les conceptions anglo-saxonnes...

« La Bourse est considérée soit comme un monstre et un danger, soit comme une panacée, constate Vincent Chaudel, manager chez Deloitte & Touche, le grand cabinet d'audit et de conseils, très investi dans le sport. Et si ce n'était ni l'un ni l'autre ? En tout cas, ce ne doit pas être une finalité mais un moyen de se développer. Ça doit faire partie d'un vrai projet ».

Une chose est sûre : la Bourse, on n'y entre pas comme ça, du jour au lendemain, en claquant des doigts, pour s'offrir le dernier grand buteur en vogue. « Si cette possibilité avait été offerte par la loi de 1999, aucun club n'aurait pu la concrétiser avant 2005-2006 », explique Philippe Diallo, secrétaire général de l'UCPF, pour qui, aujourd'hui, Lyon et Auxerre sont les premiers candidats potentiels.

L'accès au marché financier obéit en effet à des règles très précises que la Commission des opérations de Bourse (Cob), très exigeante, est chargée de faire respecter. Il faut, par exemple, pouvoir présenter au préalable trois exercices comptables positifs. Il faut aussi posséder des actifs importants. Et ça, c'est le vrai talon d'Achille des clubs français. Hormis Auxerre qui dispose d'un gros patrimoine, pas un n'est propriétaire de son stade (Lens en est tout proche avec un bail emphytéotique de 99 ans signé avec la municipalité). Mais, surtout, ils ne sont propriétaires ni de leur marque, ni de leur numéro d'affiliation à la fédération française (FFF) ni des droits audiovisuels, toutes choses qui figurent dans les actifs des clubs anglais, allemands, espagnols ou italiens (la liste n'est pas limitative). Pas question de rêver à la Bourse dans ces conditions, ou même de trouver de nouveaux investisseurs, avides de dividendes. C'est bien pour cela que les clubs pros ont élaboré la fameuse Charte 2002. Ils y demandent des réformes législatives et réglementaires pour gommer ces handicaps par rapport à leurs concurrents européens. « Les pouvoirs politiques doivent prendre conscience de ces problèmes et le législateur doit agir sinon la compétitivité des clubs français va encore baisser », prévient Vincent Chaudel.

« La Bourse, ce n'est pas un remède miracle et ce n'est pas pour ça qu'on gagnerait un jour la Ligue des champions. Mais on a déjà perdu trop de temps. Si, aujourd'hui, Strasbourg veut rénover son stade de la Meinau, il prend l'argent où ? » lance Philippe Diallo. L'appel à l'épargne publique doit servir à développer les infrastructures, la marque, les sources de revenus (merchandisage) pour rendre le club moins dépendant des résultats sportifs. La cotation en Bourse a aussi un autre avantage : la transparence. Les sociétés cotées ont en effet des contraintes réglementaires en matière d'information financière. Pour conserver la confiance de leurs actionnaires, elles doivent faire également la preuve, année après année, de leur bonne gestion. C'est bien parce que les actionnaires de la Lazio ont commencé à tousser que le club romain veut en venir à un plafonnement de sa masse salariale à 450 MF (68,60 M€). En 2001-2002, elle s'élevait à 650 MF (99 M€).

Le général de Gaulle ne voulait pas que la politique de la France se fasse à la « corbeille ». Les opposants à la cotation en Bourse des clubs français craignent pour l'équité des compétitions et redoutent les conséquences de mauvais résultats sportifs sur le portefeuille des petits actionnaires. Les actions des clubs de foot sont effectivement très volatiles. Ceux qui ont acheté du

Manchester United à l'arrivée d'Eric Cantona, en 1992, et ont revendu cinq ans plus tard ont multiplié leur mise par sept. Il fallait aussi acheter du Tottenham en 1993 et s'en débarrasser en 1998, selon les analystes anglais. Pour le reste, sur une longue période (1996-2001), l'évolution générale du secteur du football britannique est comparable à celle du FTSE 100, l'indice des 100 grandes valeurs de la place de Londres. Selon Deloitte & Touche, la chute des cours du football depuis 2000 a été due à la chute générale des marchés financiers, à la baisse des cours dans les secteurs des médias et de l'internet (le foot est un contenu primordial pour les acteurs de ce marché) et aux difficultés connues par les clubs pour maîtriser l'inflation de leur masse salariale. La Bourse, de toute façon, c'est risqué.

LES 37 CLUBS EUROPÉENS COTÉS EN BOURSE

Angleterre (20) :
Arsenal, Aston Villa, Birmingham City, Bolton Wanderers (Burnden Leisure), Charlton Athletic, Chelsea Village, Leeds Sporting, Leicester City, Manchester City, Manchester United, Millwall Holdings, Newcastle United, Nottingham Forest, Preston North End, Queens Park Rangers (Loftus Road), Sheffield United, Southampton Leisure, Sunderland, Tottenham Hotspur, West Bromwich Albion.
  Ecosse (3) :
Celtic, Glasgow Rangers, Heart of Midlothian.
  Allemagne (1) :
Borussia Dortmund
  Danemark (6) :
AAB Alborg, AGF Arhus, Brondby, AB Copenhague, FC Copenhague, Silkeborg.
  Italie (3) :
Juventus Turin, Lazio Rome, AS Roma.

Pays-Bas (1) :
Ajax Amsterdam
Portugal (2) :
FC Porto, Sporting Portugal.
Suisse (1) :
Grasshopper Zurich.

11

La télé, vache à lait fatiguée du système

Dans l'histoire du football français, il y a bien sûr l'avant et l'après 12 juillet 1998, les deux coups de tête de Zinedine Zidane et le coup de grâce d'Emmanuel Petit contre le Brésil. Mais il y a aussi, et cela a laissé beaucoup moins de traces dans les esprits, l'avant et l'après 25 juin 1999. Ce vendredi-là a fait le bonheur des clubs, des joueurs et de leurs agents. C'est le jour où l'argent de la télévision a vraiment commencé à inonder le foot hexagonal, comme un raz de marée.

Juste avant ce tournant historique, ce n'était déjà pas si mal. Bon an mal an, la Ligue encaissait ses 900 MF (137 M€) de la part des télés, principalement de Canal Plus qui avait l'exclusivité de la division 1, avant de les redistribuer aux clubs. Pour en arriver là, le chemin a été très long et très chaotique. Depuis le premier reportage télé en direct, la finale de la Coupe de France Nice-Bordeaux, le 4 mai 1952, les relations entre le foot et ce qui est devenu son bailleur de fonds numéro un ont été émaillées de crises et de fâcheries. La première date de 1955 avec cet oukase du Groupement des clubs professionnels, ancêtre de la Ligue nationale : le foot n'a pas besoin de la télé. Le 8 novembre 1959, la RTF retransmet un Hongrie-Allemagne sans prévenir la fédération française qui lui avait refusé, juste avant, de diffuser France-Bulgarie. L'incident débouche sur une interdiction totale de retransmission.

C'est l'époque où, malgré le faible nombre de téléviseurs en circulation, les clubs craignent que la télé ne vide les stades, ceux des pros comme ceux des amateurs. Ils ne sont déjà pas bien pleins et les recettes ne sont pas fameuses, ce qui se comprend si l'on considère la qualité du spectacle proposé dans ces tristes années soixante. C'est l'époque, aussi, où l'on se demande à qui doit aller l'argent des annonceurs qui profitent de l'exposition télé pour s'afficher de plus en plus dans les stades et sur les maillots. Les clubs en profitent, les pouvoirs publics ne trouvent pas ça très normal et la télé veut sa part. Un beau jour de 1971, elle oblige même l'OM à jouer sans pub sur son maillot. La télévision abandonne toutes ses prétentions dans ce domaine en 1972, année où elle invente le principe de l'occultation pour protéger la recette du club bénéficiant d'une retransmission. Ça ne dure pas car cela va à l'encontre du principe d'égalité devant le service public.

Il faut attendre 1971 pour qu'un vrai protocole, avec un calendrier précis, soit signé entre le Groupement et l'ORTF. Prix d'un match de D1 ? 76 000 francs (11 586 euros). D'une finale de Coupe de France ? 79 000 francs (12 043 euros). Les tarifs augmentent assez vite avec l'éclatement de l'ORTF en 1974 et l'apparition de TF1, Antenne 2 et FR3. Antenne 2 paie 2 MF (305 000 euros) à Claude Bez pour un Bordeaux-Juventus en 1985.

La création de Canal Plus, en 1984, marque le vrai début de l'inflation. La chaîne cryptée et payante du cinéma et du football veut le meilleur pour multiplier ses abonnés. A l'automne 1984, elle signe un premier accord avec la Ligue portant sur vingt matchs de D1, seize en direct et quatre en différé, pour 5,5 MF (840 000 euros). Accord renégocié dès l'année suivante : 8 MF pour vingt-cinq matchs (1,2 M€). En 1986 apparaît le principe de la rencontre décalée et Canal Plus paiera de plus en plus cher, année après année, en fonction du nombre d'abonnés. Ils sont environ 4,5 millions aujourd'hui. Et la chaîne leur offre de plus en plus de foot : cent cinquante-huit heures pendant l'année 1991, quatre cent deux en 2000. En 1997, elle a lancé le *pay per view* (paiement à la séance), offre la plus spectaculaire de CanalSatellite, en numérique : tous les matchs de D1 en direct pour quelques dizaines de francs.

C'est justement à cause de cela que le raz de marée va déferler, en ce jour de juin 1999. Le 12 mai, la Ligue, présidée alors par le Breton Noël Le Graët, a lancé un appel d'offres pour de nouveaux contrats télé, les anciens arrivant à échéance à l'issue de la saison 2000-2001 (1999-2000 pour la Coupe de la Ligue). Pendant plus d'un mois, la bagarre est terrible. Parce que, en face de Canal Plus, bien implanté dans la maison et qui veut conserver son leadership, se dresse TPS (Télévision par satellite). Un nouveau bouquet satellite, dont TF1 détient alors 25 %, qui veut s'installer et donc offrir le meilleur du foot pour supplanter Canal. « Le Lay a engagé TPS à la hussarde dans cette histoire », témoigne Michel Denisot, alors directeur des Sports de Canal Plus. C'est Patrick Le Lay, président de TF1, qui monte lui-même au front. « A Canal, c'est la surprise devant la surenchère de TPS », raconte Jérôme Valcke, alors patron de Sport Plus, filiale à 100 % de la chaîne cryptée, qui s'occupe d'achat de droits sportifs. Soutenu, semble-t-il, par son compatriote breton Le Graët, Le Lay n'est pas loin de rafler la mise. A Canal, deux camps s'opposent. Ceux qui estiment que la chaîne ne peut pas se « flinguer » (le mot est de Valcke) en abandonnant le foot. Et ceux qui disent non, c'est trop cher, à l'image du grand patron Pierre Lescure. C'est au plus haut niveau de Vivendi, la maison mère, que la décision est prise de s'aligner.

Le Lay, Le Graët et Lescure discutent tard, ce soir-là, au Baltimore, le pub situé au coin de la rue Léo-Delibes (Paris, 16ᵉ), où la Ligue a son siège. En fin de soirée, l'accord est annoncé. Un seul photographe immortalisera la scène, ce vendredi 25 juin : Frédéric Dugit, de *Le Parisien* et *Aujourd'hui en France*. Le Graët est souriant, Le Lay a les traits tirés et la mine fatiguée,

Lescure, bougon, a la lippe tombante. Le président de la Ligue triomphe : pour les trois saisons de 2001 à 2004, rien que pour la D1 et la D2, ce sont 8,2 milliards de francs (1,25 milliard d'euros) qui vont atterrir dans les caisses du football. Trois fois plus que lors des trois saisons précédentes. Et encore, il reste à renégocier les droits de « Téléfoot » qui n'arrivent à échéance qu'en juin 2001. On y reviendra.

En quoi consiste ce Yalta du foot de juin 1999 ?

Canal Plus obtient deux matchs décalés de D1 en direct et en exclusivité : 1,65 milliard de francs (250 M€) par saison ; « Jour de Foot » (émission de résumés à l'issue de chaque journée) : 170 MF (25,92 M€) ; le *pay per view* pour les autres matchs de D1 (hors celui de TPS) : de 90 MF en 2001 (13,72 M€) à 125 MF en 2004 (19 M€) ; un magazine sur la D2, D2 Max : 40 MF (6,10 M€).

TPS obtient un match de D1 en direct et en exclusivité, non décalé, dès la saison 1999-2000 : 320 MF (48,78 M€) ; le *pay per view* dès 1999-2000 pour les autres matchs de D1 (hors ceux de Canal) : de 90 MF à 125 MF (19 M€).

Eurosport (détenu aujourd'hui à 100 % par TF1) obtient un match de D2 décalé en direct : 60 MF par saison (9,15 M€).

France Télévision deviendra un peu plus tard le partenaire de la Coupe de la Ligue, avec 73 MF (11,13 M€) pour la saison 2001-2002, mais 79 MF (12,04 M€) en 2003-2004. La chaîne publique signera ensuite pour le magazine du lundi soir, « Foot 3 », avec un chèque de 30 MF par an (4,57 M€). Une mauvaise affaire car l'audience n'a jamais décollé.

L'appel d'offres concernant « Téléfoot », émission emblématique du dimanche matin sur TF1, créée en 1977 et qui réunit chaque fois près de trois millions de téléspectateurs (40 % de part de marché), est un fiasco pendant plusieurs mois. La première chaîne ne veut pas donner plus que ce qu'elle versait jusque-là : 55 MF (8,38 M€) par an. La Ligue, rapporte Etienne

Moati dans *L'Equipe*, prend ça pour une « provocation ». Patrick Le Lay fait un effort, jugé insuffisant, puis un autre, juste avant le conseil d'administration de la Ligue, programmé le 13 juin 2001 à Sochaux : il décide de lâcher 400 MF (60,98 M€) sur cinq ans. Mais M6 reste dans la danse. Après une première offre à 45 MF par an (6,86 M€), elle renchérit, dopée par le succès de « Loft Story ». Elle bondit à 430 MF pour cinq ans (65,55 M€). La suite tient du grand-guignol et en dit long sur les mœurs de la Ligue depuis la prise de pouvoir de Gérard Bourgoin, en juillet 2000. L'histoire est véridique, confirmée par plusieurs témoins.

Au début de la séance du conseil d'administration, M6 est donc le mieux-disant. Mais Jean-Michel Aulas, président de Lyon et vice-président de la Ligue, sort de la salle, portable en main. Il appelle Le Lay et lui explique la situation. Une heure plus tard, un fax de la Une parvient à l'hôtel Arianis de Sochaux où se tient le conseil : TF1 y annonce qu'elle s'aligne sur l'offre de M6. La messe est dite. « Nous avons fait le choix de la continuité à partir de deux propositions équivalentes », expliquera benoîtement Bourgoin. « Il faut rendre hommage à M6 qui était très proche pour un coup d'essai de réaliser un coup de maître, lancera Aulas, sans rire. Un jour ou l'autre, il faudra lui trouver une place. » M6 parlera d'entente illicite ; contestera le verdict et envisagera même d'en référer au conseil de la concurrence. Sans suite. Jusqu'en 2006, TF1 paiera donc chaque année, pour son magazine, la somme de 86 MF (13,11 M€).

Le football français nage dans l'opulence. L'accord de 1999 le fait entrer dans la cour des grands. Malgré la taxe de 5 % sur tous les droits télé instaurée par la ministre de la Jeunesse et des Sports en faveur du FNDS (Fonds national pour le développement du sport), qui fait râler et la Ligue et les clubs, la France est au niveau de l'Allemagne et de l'Espagne, juste en dessous de l'Italie. L'Anglerre, elle, bat tous les records : la Premier League, celle des Manchester United, Arsenal et autres Chelsea, encaisse plus de 6 MF par an

(941 M€) de la part de la BBC, BskyB et NTL (*pay per view*), et aussi de Sport Plus, devenu Sportfive. La société de Jean-Claude Darmon a acheté les droits mondiaux exclusifs de la Premier League, extraordinairement populaire sur tous les continents : 1,8 milliard de francs (270 M€) pour trois ans. A l'export, au grand dam de la Ligue, la D1 française ne vaut que 150 MF (22,87 M€) pour la même durée. Et Sportfive, qui détient également ces droits comme ceux de l'Italie ou de l'Espagne, a quand même un peu de mal à trouver des télés étrangères intéressées et à rentrer dans ses frais...

A cet apport déjà monstrueux des télés hexagonales au football français, il faut encore ajouter d'autres contrats. Auprès de la Fédération française, TF1 a acquis les droits de l'équipe de France et de la Coupe de France jusqu'en 2004 pour 250 MF par saison (38,14 M€). Et quand un club joue la Coupe de l'UEFA et passe à la télé, il touche aussi de l'argent. C'est Darmon, avec le club Europe, un « pool » qui regroupe douze des dix-huits clubs de la D1 actuelle, qui négocie pour eux avec les chaînes. Selon l'affiche, la chaîne (Canal ou Eurosport) et l'horaire du match, le prix peut varier de 2 MF (300 000 euros) à 10 MF (1,52 M€).

Pour la Ligue des champions, la plus prestigieuse et la plus lucrative des Coupes d'Europe, retransmise par une centaine de chaînes dans près de deux cents pays, l'affaire est encore différente. TF1 et Canal Plus en ont acheté les droits de diffusion en France à l'agence suisse Team, partenaire télé et marketing de l'UEFA. Leur contrat court jusqu'en 2003. Chacune des deux chaînes paie environ 270 MF (41 M€) par saison. C'est l'UEFA qui reverse ensuite une redevance aux clubs engagés, en fonction de leurs résultats. Un club présent au deuxième tour (quatre poules de quatre) peut espérer empocher plus de 100 MF (15,24 M€). Mais comme, depuis 1998 et Monaco, aucune équipe française n'est parvenue à se hisser en demi-finale, la Ligue des champions profite assez peu au football français. Sur les trois dernières saisons, les clubs de la Liga espagnole ont encaissé 2,75 milliards de francs (420 M€), ceux de la Bundesliga allemande 2,5 milliards (390 M€), ceux de la Premier League anglaise 2,2 milliards (340 M€) et ceux de la Serie A italienne 2,1 milliards (320 M€). La France en est à 1,6 milliard (250 M€).

Malgré une baisse générale d'audience dans toute l'Europe, la formule, très controversée, de la Ligue des champions vient d'être reconduite pour trois ans, jusqu'en 2006, et Team a resigné avec l'UEFA en janvier 2002. Le format, adopté en 1999 pour contrecarrer les ambitions de l'agence italienne de marketing sportif Media Partners qui voulait créer une Superligue européenne en faisant miroiter beaucoup plus d'argent aux clubs, va donc rester le même : trente-deux équipes engagées, deux tours de poule avant les quarts de finale, un total de 157 matchs au lieu de 85 avant la réforme. Le chiffre d'affaires généré par la compétition — près de 4,6 milliards de francs (700 M€) cette année — a eu raison des critiques : trop de rencontres sans enjeu, de moins en moins de public dans les stades et de téléspectateurs devant leur écran...

TF1 et Canal Plus vont-elles replonger dans la Champion's League pour la période 2003-2006 ? Sans doute pour la chaîne cryptée dont les abonnés sont aussi friands d'un Arsenal-Juventus que d'un Nantes-Manchester United. « La Ligue des champions reste un bon produit pour nous », reconnaît Michel Denisot, avant toutefois d'avertir : « Il faudra un jour savoir dire non à l'inflation. » Pour TF1, les mauvais résultats des clubs français et la baisse d'audience qui en découle — on est passé d'une moyenne de 16,2 % en 1997-1998 à 11,8 % en 2001-2002 — sont rédhibitoires. Et Etienne Mougeotte, son vice-président, a déjà prévenu (*France Football*, 19 février 2002) : « Il faudra que les prix baissent sinon nous n'achèterons pas. Aujourd'hui, nous dépensons plus d'argent en diffusant la compétition que nous n'en recevons en recettes publicitaires. Ce n'est pas viable. » Pour lui, la renégociation des droits de la Ligue des champions va marquer, ces prochains mois, un vrai coup d'arrêt à l'inflation.

LA FIN DE L'ÂGE D'OR

« Les clubs français ont jusqu'en 2004 pour réagir et trouver de nouvelles sources de revenus. La boucle est bouclée, on est dans le mur : si on ne comprend pas ça, ça va très mal finir » : le constat est de Jérôme Valcke, vice-président de Sportfive. Il est partagé par tous les acteurs de la scène médiatico-sportive. Philippe Diallo, secrétaire général de l'UCPF : « La bulle va crever. S'il n'y avait pas eu l'arrivée de TPS, les droits n'auraient jamais été multipliés par trois. On va revenir sur terre. » Michel Denisot (Canal Plus) : « Les droits télé sont aujourd'hui au maximum. Ça va redescendre. » Vincent Chaudel, manager chez Deloitte & Touche : « La concentration des acheteurs de droits et des diffuseurs va conduire à un arrêt de l'inflation. Le système est en péril. »

Le réveil s'annonce difficile et il va sonner très bientôt. Pour la D1, les contrats courent jusqu'en 2004. Mais personne ne va bien sûr attendre le dernier moment pour renégocier la suite. Avant fin 2002, les discussions vont débuter entre la Ligue et les chaînes. Et tout le monde commence à prendre conscience que l'âge d'or est terminé. « A moins, rêve Diallo, qu'un Murdoch ne débarque en France et ne veuille tout rafler pour lancer une nouvelle chaîne. » Dans le cas contraire, et c'est infiniment plus probable, l'heure va être à la déflation. Comme auparavant, ni TF1 ni France Télévision ne se mettront sur ce créneau du championnat, dont le niveau est par ailleurs en baisse. Les autres chaînes sont sur l'affaire, mais elles ne sont pas nombreuses. Canal Plus, en grosses difficultés financières, ne peut pas se passer de la D1. Surtout avec la création prochaine d'une nouvelle chaîne de sports, après le rachat de Pathé Sport, sur un canal de la future télévision numérique terrestre. Avec Canal Vert et le Kiosque, qui vont continuer, elle va pouvoir s'appuyer sur une importante synergie de groupe. Mais elle est de moins en moins disposée à payer très cher une exclusivité qui n'en est pas vraiment une à ses yeux. En cause : le fameux droit à l'information qui permet à n'importe quel diffuseur de passer tous les buts à l'antenne. « C'est du pillage. Ça n'existe nulle part ailleurs, gronde Michel Denisot. La Ligue ne nous protège pas. A quoi ça sert de payer pour " Jour de Foot " alors que toutes les autres chaînes ont les images gratuitement ? On va monter au créneau là-dessus et exiger, au minimum, un code de bonne conduite. »

TPS ? Elle voudra continuer à diffuser de la D1 mais pas à n'importe quel prix. Si elle existe encore : on évoque, ici ou là, une éventuelle fusion avec CanalSatellite. Ce serait un drame pour la Ligue. Reste M6, déjà candidat pour « Téléfoot » en 2001, propriétaire des Girondins de Bordeaux, et dont l'appétit pour le foot est important. Nicolas de Tavernost, président du directoire, ne cache pas qu'il mise sur l'éparpillement des droits pour tirer son épingle du jeu. « Si le foot français veut conserver ses recettes, il devra partager entre différents réseaux », explique-t-il. Réponse, sans doute, courant 2003, mais la Ligue et les clubs ont raison de se faire du souci.

12

Comment Darmon est devenu milliardaire

Si aucun président de club n'a sans doute jamais fait fortune dans le football, l'ami de tous les présidents (ou presque) est un homme richissime. En revendant, fin 2001, les actions de sa société pour créer Sportfive, nouveau monstre du marketing sportif, Jean-Claude Darmon a empoché plus de 750 MF (114 M€). Qui s'ajoutent au patrimoine déjà très conséquent de celui que les médias désignent communément comme le « grand argentier du football français ». « Il vaudrait mieux dire que c'est un habile metteur en scène, dit l'un de ses cadres. Jean-Claude, c'est une énorme capacité à vendre tout le mieux possible avec comme discours auprès des clubs et des fédérations : " plus je gagne d'argent, plus je vous en donne ". » Traduction : je prends certes 15 % de commissions, mais vous touchez tout de même 85 %. De quoi ? Des contrats signés avec les annonceurs publicitaires, les sponsors et les télévisions, pour résumer.

Difficile de trouver plus joli spécimen de self-made man que ce Juif pied-noir né à Oran (Algérie) le 7 décembre 1941, qui a commencé, en 1968 à Marseille, par éditer des « Livres d'Or » à la gloire des grandes équipes de foot pour se retrouver, trente ans plus tard, à la tête de l'empire Sportfive, qui pèse ses 4 milliards de francs de chiffre d'affaires. La consécration, le sommet de la gloire et de la fortune ? Non. L'homme, qui s'appelle en réalité Jean-Claude Zahoui et qui est le frère du comédien Gérard Darmon, garde des ambitions : « Je veux le CAC 40. Je veux encore grandir pour acquérir d'autres exclusivités de valeur mondiale, les jeux Olympiques, la Coupe du monde de football... »

Il démarre donc dans les affaires avec une petite société créée en 1968, la SEP (Société d'éditions et de promotions). Comme son premier bouquin a pour héros les Canaris, si brillants ces années-là, c'est à la porte du FC Nantes qu'il vient frapper pour développer ses activités. Il propose au président Louis Fonteneau et à son vice-président Claude Simonet, aujourd'hui à la tête de la fédération française, de presque centupler les ressources publicitaires du club : passer de 6 000 francs par an à 500 000. « La suspicion a été longue à disparaître. Quand il me voyait, le président tremblait. Je lui donnais des boutons. Il faut dire qu'à l'époque, je n'étais pas très sophistiqué. Je n'avais aucune formation, que des convictions », raconte Darmon dans son immense et luxueux bureau, au rez-de-chaussée d'un bel hôtel particulier de la rue de Liège (Paris 9e), siège de Sportfive.

Volubile jusqu'à la caricature, convaincant, bosseur, il réussit son premier pari pour avoir compris, avant les autres, que l'intérêt de la télévision pour le foot ne pouvait qu'être favorable à une commercialisation plus lucrative des panneaux entourant les pelouses. Les annonceurs ne sont plus locaux, ils deviennent nationaux. En 1972, Nîmes, Reims et Sochaux font appel à ses services. Le chiffre d'affaires grossit et le Groupe Jean-Claude Darmon (GJCD) naît le 18 juillet 1973, sous la forme d'une SARL. Elle sera transformée en SA dix-neuf ans plus tard. Son siège est sis 18 C, rue Jules-Moulet, à Marseille. Objet social ? « La production et la négociation d'images et de son ainsi que de toute publicité ; l'achat pour revendre de tout bien immobilier (une activité de marchand de biens, donc) ; la publicité sous toutes ses formes ainsi que la vente de gadgets (...). »

Darmon continue d'avancer, et de déranger le monde encore très amateur du foot français. Qui se méfie de l'argent tout en en ayant de plus en plus besoin. « J'ai dû me battre contre vents et marées, surtout contre les journalistes », explique cet ultra-libéral. Allusion, entre autres, à la campagne menée, au début des années soixante-dix, par le magazine *Miroir du football*, très à gauche, contre la publicité sur les maillots des joueurs. Darmon abhorre tout ce qui peut ressembler de près ou de loin à un socialiste, ou pis, à un communiste. Ça ne pouvait pas coller avec Marie-George Buffet...

Ça ne colle pas non plus tout de suite avec les instances du foot. C'est Jean Sadoul, président du Groupement des clubs professionnels, qui lui met le pied à l'étrier. « Le premier contact a pourtant été désastreux. C'était en 1972, dans un aéroport, à 6 heures du matin, se souvient Darmon. Je devais aller à Nantes et j'étais arrivé, comme d'habitude, trois heures avant le décollage. Lui aussi. Je lui ai parlé. » Sadoul se méfie. « Il m'a tendu des pièges pour voir qui j'étais vraiment. Mais il a compris que je n'étais pas un danger. » Par son entremise, Darmon rencontre Fernand Sastre, président de la FFF. « Il ne m'aimait pas. Après ce premier contact, il n'a plus voulu ni me voir ni me parler pendant huit ans. Je lui avais dit que l'organisation de la fédé, en matière de marketing, c'était de la merde. » Comme c'est Sastre qui a la haute main sur tout — le Groupement ne gère les pros que par délégation de la FFF — il faudra attendre le début des années quatre-vingt pour que Darmon s'incruste dans le système. Entre-temps, il continue de courir les stades de l'Hexagone pour installer ses panneaux et il développe une nouvelle activité : l'organisation d'opérations de relations publiques (déplacements VIP, cocktails, dîners d'après-match) sur les grands événements footballistiques. Un bon moyen de se faire des amis dans la plupart des grandes entreprises françaises.

L'histoire s'accélère en 1981. Darmon introduit la publicité sur les billets de match, édités alors par la

FFF, et transforme cette activité déficitaire en affaire juteuse. Il a un pied dans la place, il va y entrer tout le corps. Dans la plaquette préparée à l'occasion de l'entrée de la société GJCD au second marché de la Bourse de Paris, le 9 décembre 1996, on peut lire les lignes suivantes : « 1982 : la FFF le charge du sponsoring de l'Equipe de France lors de la Coupe du monde en Espagne. La reconnaissance du monde sportif à l'égard de Jean-Claude Darmon va désormais au-delà des clubs. » La vérité est légèrement différente. C'est la société Football France Promotion qui est en fait mandatée par la FFF pour s'ocuper de tout le marketing des Bleus. D'où sort-elle ? De la prise de contrôle de la société Promo-Foot, une coopérative ouvrière créée en 1975 par l'Union nationale des footballeurs professionnels pour reverser à ses quatre cent cinquante actionnaires, tous joueurs pros, une part des revenus générés par la publicité et le sponsoring des Bleus. « La publicité doit être laissée aux professionnels. Ce n'est pas à un syndicat de faire le travail des patrons », tranche Darmon après s'être associé à Bernard Genestar, organisateur de spectacles et agent de stars (dont Platini), et à Philippe Piat, président de l'UNFP, pour créer Football France Promotion. Pour le Mondial 1982, elle génère plus de 11 MF de recettes, auprès d'annonceurs comme le Crédit du Nord, les AGF, Citroën ou Philips. 45 % de la somme est distribuée aux vingt-deux Bleus (Platini, Giresse, Bossis, Trésor, Fernandez, etc.), la FFF et l'UNFP touchent 15 %, Darmon et Genestar 5 %. Le même système — juteux — est reconduit pour l'Euro 84 (première victoire de l'équipe de France au plus haut niveau), le Mondial 1986 au Mexique... jusqu'à aujourd'hui. Football France Promotion est simplement devenu entre-temps une filiale à 99,94 % de GJCD puis de Sportfive, et Piat fait partie de son comité de direction. Pour le Mondial 2002, et toujours pour le compte de la FFF, elle table sur plus de 250 MF (38,1 M€) de chiffre d'affaires.

Au milieu des années quatre-vingt se produit un

autre événement considérable, pour le plus grand bien de Darmon et du football français : la création de Canal Plus et de La 5 et la privatisation de TF1. La concurrence s'exacerbe entre les chaînes pour diffuser le football, c'est le début du boom des droits télé. « Il a su le premier mesurer la portée de ce bouleversement », témoigne Jean-Louis Dutaret, directeur des droits TV, du multimédia et de la communication de GJCD. Darmon est au carrefour de tous les flux d'argent. Grâce à son ami Sadoul, il obtient le quasi-monopole de la négociation des droits, qui appartiennent à la Ligue, avec les chaînes. Et qui dit plus de retransmissions télé dit aussi plus de sponsors, de publicité dans les stades et de marketing, métier numéro un du Méditerranéen. Les revenus publicitaires des clubs explosent : de 28 MF (4,27 M€) en 1980-1981, ils bondissent à 260 MF (39,6 M€) en 1990-1991, soit 22 % des recettes en D1. Ils représentaient 736 MF (112 M€) en 2000-2001. Le chiffre d'affaires de Darmon suit une courbe comparable : 46,5 MF (7,1 M€) en1981-1982, 128 MF (19,51 M€) en 1986-1987, 235 MF (35,8 M€) en 1987-1988, 340 MF (51,83 M€) en 1990-1991 et 1,08 milliard (164 M euros) en 2000-2001 dont plus de la moitié pour l'activité marketing et 40 % pour les droits télé.

Le super-commerçant, qui s'était fait virer par Robert Chapatte et Roger Couderc un jour qu'il était allé vendre à Antenne 2 l'idée d'un magazine dominical sur le foot (le futur « Téléfoot »), pratique ces années-là un curieux mélange des genres. En 1985, il est en effet rémunéré par Sadoul en tant que directeur de la promotion et de la publicité de la Ligue. Il jure ses grands dieux aujourd'hui qu'il n'a jamais alors touché un seul centime de commissions sur les contrats négociés avec les télés. Il commet aussi quelques erreurs. Comme cette histoire de publicité pour la société But sur les filets des cages, dans tous les stades de France. Un contrat de trois ans et de 3 MF (460 000 euros), conclu en 1985, qu'il a eu du mal à faire admettre aux clubs et à la Haute Autorité de la télévision. Il n'ira pas à son terme mais on retrouve aujourd'hui la même pub sur les manches des arbitres... Les relations, ça sert.

Il connaît également quelques soucis avec le « pool » créé en 1988 avec TF1 et Canal Plus, qui donne aux clubs qualifiés pour une Coupe d'Europe une garantie de diffusion et de recettes, sans avoir à négocier eux-mêmes au cas par cas. Mais Tapie et l'OM ne jouent pas le jeu et même Carlo Molinari, président du FC Metz, essaiera de faire bande à part en prenant langue avec Antenne 2. Colère de Darmon. Le « pool », renouvelé en 1996 et censé durer jusqu'en 2001, mourra en 1997. TF1, qui diffuse déjà la Ligue des champions, pas toujours passionnante, en a assez d'encombrer ses soirées en « prime time » avec des matchs de Coupe des coupes et de Coupe de l'UEFA, pas forcément tous générateurs de grosses audiences. Le « pool » s'appelle aujourd'hui Club Europe. Lancé le 16 février 1999, il est essentiellement constitué autour de Darmon et de ses grands amis de Canal Plus. Douze clubs à vocation européenne en font partie : Auxerre, Bastia, Bordeaux, Lens, Lyon, OM, Monaco, Nantes, PSG, Rennes, Saint-Etienne et Strasbourg. Le principe est le même mais l'histoire pourrait aller plus loin. D'abord parce que le système inclut le développement du multimédia et du commerce électronique. Ensuite parce que, en prévision d'une éventuelle propriété des droits télé par les clubs associée à une négociation individuelle, Darmon et la chaîne ont pris leurs précautions. L'affaire a été révélée par Etienne Moati, dans *L'Equipe* du 16 février 2001. Le groupe GJCD a fait signer à ces clubs un mandat exclusif de négociation, valable jusqu'au 31 mai 2004. Ils toucheront pour cela 20 MF (3,05 M€), sur lesquels Darmon prendra sa commission de 15 %. D'où viendra l'argent ? De Canal Plus. Qui s'arrogera ainsi « le droit de commercialiser, quel que soit le mode de diffusion, tous services de communication audiovisuelle thématique consacrés au club. (...) ». Mais aussi, les droits d'exploitation télévisuelle des matchs amicaux organisés par le club ou auxquels participe le club, et les droits de commercialisation sur tous types de supports opto-numériques en vue de l'exploitation publique ou privée (notamment vidéocassettes, CD-ROM, DVD, DVD-ROM). Si le club participe à la Ligue des champions, il devra rétrocéder à Canal Plus 10 % des sommes qui lui seront versées par l'UEFA. Un « magnifique » contrat, mais qui se heurte au principe de réalité : les droits télé appartiennent toujours à la Ligue et leur négociation est collective. Pour longtemps encore ? L'affaire du contrat UMTS (future norme de téléphonie mobile qui permettra la diffusion d'images animées) signé entre Orange, dix-huit clubs de D1 et six clubs de D2 (Caen, Créteil, Nancy, Strasbourg, Saint-Etienne et Ajaccio) pour un montant de 394 MF (60 M€) pour sept ans, pourrait également connaître quelques soucis.

Darmon ne réussit donc pas toujours et partout. Son plus grand drame : avoir été écarté du marketing de la Coupe du monde 1998 en France par Michel Platini, qui lui voue un inimitié tenace, et Fernand Sastre, les coprésidents du Comité d'organisation. Il s'est aussi fâché avec Noël Le Graët, successeur de Sadoul à la présidence de la Ligue, après la renégociation des droits télé de 1997. Une fâcherie qui explique en grand partie l'échec du Breton au profit de Gérard Bourgoin, en juillet 2000, lors des élections à la LNF... Le contrat de marketing signé en 1994 avec la Fédération fran-çaise des sports de glace, pour le patinage et le hockey, a également fait rapidement un bide. TF1, qui avait acquis les droits de diffusion, a jeté l'éponge devant des audiences catastrophiques.

Car le groupe Darmon, maître du jeu dans la relation organisateur sportif-diffuseur-annonceur et pour qui le sport est un moyen privilégié de communication pour les entreprises, n'est pas seulement présent dans le foot-ball. Il est commissionné par la Fédération française de rugby, dont le siège est deux numéros plus loin dans la même rue, pour s'occuper du marketing de l'équipe de France, à travers la société Rugby France Promotion qui assure également les opérations de relations publiques autour du Tournoi des Six Nations. GJCD a aussi repris les tournois de tennis de Toulouse (1997) et de Monte Carlo (1998). L'ancien champion Patrice Dominguez, salarié du groupe, en a la responsabilité. Jusqu'en 2003, Darmon a également en charge la gestion des manifestations à Paris (Bercy) de l'Ecole équestre du Cadre noir de Saumur. C'est sa fille Laurence qui s'en occupe.

Tout ça fait de jolis émolument annuels pour Jean-Claude Darmon (1,38 MF, 210 000 euros par an, en 2000 et 2001) et de solides bénéfices : 76,6 MF (11,68 M€) pour l'exercice 2000-2001, pour un chiffre d'affaires de 1,08 milliard (164 M€). Pal mal pour une société qui, hors filiales, n'emploie que quatre-vingt-dix-huit personnes.

Dans la corbeille de mariage avec Canal Plus et UFA Sports pour enfanter Sportfive, Darmon a donc apporté du lourd. En particulier, son portefeuille de quatorze clubs de D1 (plus huit de D2) pour le compte desquels il gère les droits télé et marketing. Seuls l'OM, Metz, Sedan et Sochaux échappent à l'ogre. Exemple de l'activité du boss début 2002 : trouver un nouveau sponsor maillot pour le PSG, dont il embrasse le président Laurent Perpère sur les deux joues. Les 20 MF par an (3,05 M€) donnés jusque-là par Opel sont jugés « dérisoires ». « Cela met le PSG au quatrième rang français », assure Darmon.

La filiale à 99,99 % Girosport SA continue de s'occuper de l'affichage dans les stades (de 1 500 euros à 15 000 euros le panneau selon l'affiche et la présence ou non de la télé) avec une innovation à son catalogue, fruit d'un accord avec Symah Vision, société du groupe Lagardère : la publicité virtuelle. Elle consiste à insérer, dans l'image retransmise d'un match, par des moyens informatiques, la représentation de panneaux qui n'existent pas réellement autour de la pelouse.

A tout cela s'ajoutent le rugby, les Bleus, la FFF, 51 % de la société italienne Bastino Multimedia qui s'implante dans le foot transalpin (elle a la Juventus sous contrat), les droits télé de la Coupe d'Afrique des

Nations, le tennis : c'est l'apport de GJCD à Sportfive. Sport Plus, filiale à 100 % de Canal Plus, et son patron Jérôme Valcke ont amené l'activité de gestion de droits d'image des stars et, surtout, un gros portefeuille de droits télé : droits exclusifs mondiaux des championnats anglais, italiens, espagnols et français, entre autres. Enfin, UFA Sports, filiale à 100 % de RTL Group, apporte, outre des droits télé, une expertise concernant les activités commerciales dans et autour des stades et le marketing (elle a quarante fédérations et trois cents clubs sous contrat), et une expérience à l'international. « Nos trois sociétés sont totalement complémentaires et Sportfive est désormais le concurrent des plus grands, comme IMG et Team », dit Darmon. Au terme des ventes et d'échanges d'actions, il ne détient qu'environ 5 % de la nouvelle entité, contre 46 % environ pour Canal Plus et 46 % environ pour UFA Sports. Mais il en est le président et le directeur général au moins jusqu'au 31 décembre 2004, selon le pacte d'actionnaires. Pas sûr que cet hyper-actif s'arrêtera là pour jouir tranquillement de sa fortune. « Il mourra à son boulot », pronostique un de ses cadres.

13

Les Français préfèrent l'étranger

Lebœuf, Dugarry, Guivarc'h. Des vingt-deux champions du monde 1998, ils n'étaient que trois à jouer en 2001-2002 dans le championnat de France. A Marseille, Bordeaux et Guingamp, ces trois dinosaures, qui sont revenus de l'étranger (Lebœuf de Chelsea, Dugarry du FC Barcelone et Guivarc'h des Glasgow Rangers), sont la démonstration a contrario que le talent français, aujourd'hui, s'exerce et s'étale hors de nos frontières. Le talent ? Pas toujours. En cette saison 2001-2002, ce sont près de cent quatre-vingts joueurs français qui peuplent les équipes anglaises, espagnoles, italiennes, allemandes... Parmi eux, il y a la fine fleur de notre football mais aussi des joueurs très moyens et de vrais anonymes qui ont échoué en France, en première comme en deuxième division, et qui ont réussi à se faire un nom mais aussi à se bâtir un solide compte en banque, à l'étranger.

Le footballeur tricolore est, en effet, un petit veinard. Bénéficiant à fond de la formation dite « à la française » et du titre de champion du monde, il est le principal bénéficiaire de l'arrêt Bosman, cette sorte de révolution de l'hiver 1995 qui a fait exploser les frontières européennes. Alain Goma ou Sylvain Distin arrosent les tribunes du Parc des Princes de leurs dégagements peu sûrs ? Qu'à cela ne tienne, les voilà transférés du PSG à Newcastle, un des plus grands clubs anglais. Luis Fernandez ne veut plus d'Algerino à Paris ? « Jimmy » met le cap sur l'Italie et Venise (... avant de revenir à Sochaux). Gilles Grimandi fait banquette à Monaco ? Une place de quasi-titulaire l'attend à Arsenal (Angleterre). Parce qu'il sait répondre à la voix de son maître, Arsène Wenger, le manager du club londonien... Que dire du médiocre Franck Passi devenu vedette à Saint-Jacques de Compostelle, en Espagne ? Ou de l'illustre Sébastien Schemmel, qui a quitté Metz pour West Ham, dans la banlieue de Londres ? Les exemples ne manquent pas de ces exils intéressés. Quitte à rester médiocre, mieux vaut quand même se remplir les poches.

« Les vices sont venus de l'arrêt Bosman et c'est l'entraîneur qui les prend à la figure. La liberté de bouger sans limites est un véritable attentat au projet sportif. » Ce cri d'alarme poussé par Guy Roux, l'éternel patron technique d'Auxerre, dans *France Football* le 13 mars 2001, est un résumé d'une situation incontrôlable et incontrôlée qui n'a fait, depuis, que s'aggraver. Entre 1998 et 2000, les salaires ont augmenté de 68 %. Pour garder leurs meilleurs éléments, les clubs français doivent mettre la main à la poche. Tout le monde ne s'appelle pas Guy Roux qui sait tirer le meilleur prix de ses pépites. Actuellement, à Auxerre, c'est un véritable trésor que gère l'Harpagon de Bourgogne : avec Djibril Cissé, Mexes, Boumsong, Fadiga, Kapo ou encore Tainio, il a en mains un capital estimé à plus de 650 MF (100 M€). Un jour ou l'autre, le plus tard possible et au meilleur prix espère Guy Roux, tous ces jeunes partiront et l'étranger sera inévitablement leur terre d'accueil.

Quand elle a rendu son arrêt, le 15 décembre 1995, la Cour européenne de justice a révolutionné le monde du football. Jean-Marc Bosman, footballeur belge modeste, a réussi à tout remettre en cause après avoir poursuivi en justice son club, le Royal Football Club de Liège, qui l'empêchait de rejoindre Dunkerque (division 2 française à l'époque — mai 1990) en exigeant une indemnité exorbitante de 2,5 MF. L'arrêt Bosman rend alors le principe de l'indemnité de transfert illégal et condamne, au nom du Traité de Rome de mars 1957 sur la libre circulation des travailleurs, la limitation du nombre de joueurs européens dans chaque équipe. La porte s'ouvre en grand, et commence une période de transhumance massive dont le football français aura bien du mal à se remettre. A l'étranger, les salaires sont beaucoup plus confortables, la fiscalité moins écrasante, la renommée à portée de chaussure. Marquer un but pour Chelsea, ça a quand même une autre allure sur un curriculum vitae que de défendre les intérêts de l'En-avant Guingamp...

Jouant à fond sur la nouvelle réputation des footballeurs français, auréolés des exploits de Zinedine Zidane et des Bleus à l'été 1998, les clubs de l'Hexagone et les agents de joueurs ont multiplié par cent leurs contacts à l'étranger. Il y a un problème avec untel ? Quelques coups de fil et le voilà promis à l'eldorado florentin ou londonien. Au début de l'année 2002, ils étaient ainsi quarante-cinq de nos compatriotes à jouer ou s'entraîner dans le seul championnat d'Angleterre ! Pour un Desailly qui tient la baraque à Chelsea ou un Henry qui illumine les soirées d'Highbury, le mythique stade d'Arsenal, nombre d'entre eux n'auraient peut-être pas leur place en division 1 française. Mais peu importe, tout le monde y trouve son compte. Dirigeants de club, agents et, bien sûr, joueurs, vont au plus offrant. Laurent Robert quitte ainsi le PSG pour Newcastle, à l'été 2001, pour 110 MF (16,77 M€), Steed Malbranque s'envole de Lyon pour Fulham, où fourmille une colonie française dirigée par le manager général Jean Tigana, moyennant 54 MF (8,23 M€). Ce sont deux exemples parmi des dizaines. Dans le sillage des vraies vedettes et de leurs colossaux transferts — les 507 MF, 77,29 M€, déboursés par le Real Madrid pour faire venir Zidane de la Juve, les 265 MF, 40,4 M€, versés par la même Juve pour attirer le Parmesan Lilian Thuram ou encore, plus loin dans le temps (été 2000-2001) les 130 MF,

19,82 M€, posés sur la table par Arsenal pour débaucher Sylvain Wiltord des Girondins de Bordeaux —, tous les espoirs sont permis et pour tout le monde.

L'arrêt Bosman a changé pour toujours les mentalités. Avant, dans un autre monde, il était impossible d'imaginer un footballeur français moyen titulaire dans un grand club européen. Il fallait s'appeler Michel Platini pour diriger le jeu de la Juventus Turin ou Jean-Pierre Papin pour avoir l'honneur de mener l'attaque du Milan AC. De même, les joueurs italiens ou espagnols répugnaient à quitter leurs championnats, réputés parmi les plus beaux du monde. Aujourd'hui, le brassage dans l'Europe entière a pris des proportions inimaginables. Dans une belle enquête menée en février 2000, l'hebdomadaire *L'Equipe-magazine* s'est penché sur le cas de Chelsea, le club londonien, véritable laboratoire vivant du football « bosmanisé ». Deux mois auparavant, il est vrai, le club entraîné par l'Italien Gianluca Vialli est entré dans l'Histoire. Le 26 décembre 1999, le Chelsea FC aligne en championnat, à Southampton, une équipe composée de... onze joueurs non anglais, parmi lesquels les champions du monde français Didier Deschamps et Frank Lebœuf (Marcel Desailly et Bernard Lambourde, tricolores eux aussi et appartenant aux « Blues » de Chelsea, ne commencent pas la rencontre). L'événement se reproduira plusieurs fois par la suite, Chelsea jouant également en Ligue des champions avec le seul Dennis Wise comme sujet de la reine Elizabeth... « Bien sûr que nous avons profité de l'arrêt Bosman, se justifie alors le manager général de Chelsea, Colin Hutchinson. Mais quand je recrute un joueur, je ne regarde pas son passeport. Mon travail est de prendre les meilleurs, au meilleur prix. Or, les Anglais sont trop chers. De toute façon, sans ses étrangers, Chelsea n'aurait jamais remporté quatre trophées en deux ans (Coupe d'Angleterre 1997, Coupe des coupes, Supercoupe d'Europe et Coupe de la League en 1998) ! »

Dans un monde devenu sans foi ni loi, où l'argent

régente absolument tout, il n'y a aucune place pour l'à-peu-près. Si le football français, au plan européen, est devenu un nain, incapable de qualifier encore en cette année 2002 le moindre de ses clubs pour les quarts de finale de la Ligue des champions ou de la coupe UEFA, c'est tout sauf un hasard. Depuis 1995, notre football s'est montré incompétent pour garder ses meilleurs éléments, ou attirer de vraies stars étrangères. Par rapport à l'Angleterre, par exemple, les joueurs évoluant en France payent beaucoup plus d'impôts. Entre le salaire brut payé et le salaire net perçu, ils ont vite fait d'établir leurs (mauvais) comptes. Ils évoluent ensuite dans un championnat déprécié où il est devenu impossible de se mettre réellement en valeur. Contrairement à l'Italie, l'Espagne ou l'Angleterre, enfin, où ils sont de vraies stars, leur statut n'est pas forcément reconnu. Les exemples fourmillent de ces handicaps à la française. Prenons celui du Brésilien Leonardo, passé telle une comète du côté du Paris Saint-Germain. Champion du monde 1994 avec le Brésil, « Leo » joue au Japon. Michel Denisot et les dirigeants de Canal Plus vont le débaucher aux Kashima Antlers à l'été 1996. Pour 17 MF seulement. Enterré dans un pays où le football n'en est qu'à ses balbutiements, Leonardo a besoin de rejoindre un club plus huppé, des compétitions plus relevées, pour espérer disputer la Coupe du monde 1998 en France. Que rêver de mieux que Paris, où se disputera la finale de la plus prestigieuse des compétitions ?

Footballeur de grand talent, homme de qualité et d'une intelligence largement au-dessus de la moyenne dans le monde du football (Leo parle portugais, anglais, espagnol, japonais, et en quelques mois maîtrisera parfaitement le français), il ne tarde pas à s'imposer comme un des leaders du groupe parisien, dans le sillage de son compatriote Rai. Pendant une saison, il va se réacclimater au football européen, lui qui a déjà joué notamment à Valence (Espagne). Jusqu'à qualifier presque à lui seul le PSG en Ligue des champions, lors d'un match épique contre le Steaua Bucarest (victoire 5-0, après un match aller perdu 3-0 sur tapis vert, dont quatre passes décisives du Brésilien !). Dans la foulée, Leonardo signe un contrat de trois ans pour le Milan AC, le vendredi 29 août 1997. Le PSG empoche au passage 60 MF (belle plus-value par rapport aux 17 MF déboursés pour le faire venir quatorze mois plus tôt du Japon) mais perd un de ses joueurs-symboles. Pour Leonardo, en tout cas, c'est un véritable crève-cœur. La veille de la signature de son contrat, en effet, il déambule sur l'île Saint-Louis, à Paris, au bras de Beatriz, son épouse, la gorge nouée. Le couple Leonardo est tombé fou amoureux de Paris, « la plus belle ville du monde. » Alors, avant de rejoindre la Lombardie, il s'accorde une ultime balade en bord de Seine. « Mais comment refuser l'offre qui m'est faite ? se justifie-t-il, alors, avec une réelle émotion. Milan me propose un salaire trois fois supérieur à celui de Paris ! Je vais avoir vingt-huit ans, j'ai des enfants... Il faut que je pense à eux. Vraiment, si on me demande de choisir dans l'absolu, je reste à Paris ! Mais là... » Beatriz est d'accord avec lui. Elle a Paris dans la peau mais le rêve est déjà fini. C'est dans la capitale économique du nord de l'Italie qu'elle va désormais vivre pour trois ans qui se révèleront d'ailleurs très difficiles pour elle. Mais au Paris SG, Leonardo touchait 6 MF par an, dont la moitié était reversée aux impôts. Or le Milan lui offre 16 MF par an (soit un peu plus d'1,3 MF mensuels), sur trois saisons... net d'impôts ! « Leo », adulé par les supporters parisiens, heureux de porter les couleurs d'un club et d'une ville qu'il avait adoptés en quelques semaines, aurait été fou de refuser une telle offre. Seule « consolation » pour son épouse Beatriz, le soir des adieux de Leonardo au Parc des Princes, le samedi 30 août avant PSG-Rennes, elle se rend compte de la petitesse des dirigeants parisiens. Pendant que son mari, jean noir et chemise à carreaux, salue les supporters une dernière fois, dans le rond central, elle reste toute seule dans le hall du Parc, à quelques mètres de la pelouse. Ni

Michel Denisot, président-délégué du PSG, ni Claude Le Roy, son directeur sportif, ne viennent à sa rencontre. Le Roy, qui a lâché le Nîmes Olympique, début 2002, un peu plus d'un mois après en avoir été nommé manager pour répondre aux sirènes sonnantes et trébuchantes du Shangai Cisco, n'a que faire de la femme d'un « ex-joueur » du PSG. Beatriz trouvera à Milan quelques jours plus tard des gentlemen à sa disposition pour l'accueillir, ce qui adoucira sa déception.

Le manque de savoir-vivre ou la maladresse ne sont pourtant pas les plus gros handicaps du football français. Ce qui fait cruellement défaut à nos clubs, ce sont les euros et une législation fiscale qui leur permettraient de rivaliser avec leurs adversaires européens. Du coup, l'été 2002 pourrait marquer un nouveau grand tournant avec un nombre de départs record des meilleurs joueurs de l'Hexagone. Les géants étrangers que sont Manchester United, Arsenal, le FC Barcelone, le Bayern Munich ou, bien sûr, le Real Madrid, s'apprêtent à vampiriser de plus belle notre championnat national. Dans leur sillage, des clubs moins huppés mais qui ont le chèque facile vont faire aussi leur marché du côté de Nantes, Bordeaux, Paris ou Lyon. Les plus forts vont partir et tous les postes sont concernés. Mickaël Landreau (Nantes), Grégory Coupet (Lyon) et Ulrich Ramé (Bordeaux), soit les trois meilleurs gardiens de buts français derrière Fabien Barthez, sont très convoités par l'Angleterre et l'Espagne. Le prometteur défenseur de Nantes Sylvain Armand (22 ans) excite les papilles italiennes ; Jérémie Bréchet, 22 ans lui aussi, pourrait quitter Lyon pour le Bayern Munich et remplacer Bixente Lizarazu que les sirènes de Manchester appellent. Les jeunes attaquants surdoués que sont Bruno Cheyrou (Lille, 24 ans) ou le Sénégalais El Hadji Diouf (Lens, 21 ans) ne feront pas de vieux os non plus dans nos jolies provinces. Alors que s'achève à peine la saison 2001-2002, tous ces joueurs et des dizaines d'autres ont en main des propositions mirobolantes. Leurs salaires sont promis à l'explosion. Les euros n'ont qu'à bien se tenir. Tous ne partiront pas dès cet été mais la tendance semble inéluctable : à moins d'une nouvelle révolution Bosman à l'envers, le paysage du football français pourrait bientôt ressembler de plus en plus à un désert sans âme.

14

Le marché des transferts est sans limites

L'arrêt Bosman ayant fait exploser le système et, surtout, les valeurs d'un marché des transferts devenu une
foire aux bestiaux où les maquignons de tous les pays
se sont unis pour faire des affaires, il fallait bien édicter
de nouvelles règles pour sauver les apparences. Après
deux ans de négociations en tout genre, de coups bas et
de menaces verbales, Sepp Blatter, le puissant patron
de la Fifa, obtient le 5 mars 2001 l'aval de la Commission européenne de Bruxelles pour réglementer les
transferts internationaux.. Quatre mois plus tard, le
5 juillet 2001, le comité exécutif de la Fifa entérine le
nouveau système, en place depuis le 1er septembre 2001.
Principalement, il est désormais acquis que tous les
contrats doivent avoir une durée d'un à cinq ans. Un
joueur ne peut signer qu'un seul transfert international
par an, ce qui l'oblige à rester au moins une saison
dans son club. A l'issue de cette première année, une
période protégée de deux ans est instituée pour les
joueurs de moins de 28 ans, qu'ils devront respecter
sous peine de suspension (qui peut aller jusqu'à six
mois) ou de devoir s'acquitter de très fortes amendes
(cette obligation n'est que d'une année supplémentaire
pour les footballeurs de plus de 28 ans). En outre, une
indemnité de formation est prévue pour tous les clubs
qui ont formé un joueur, de 12 à 23 ans. Un prélève-
ment de 5 % est effectué sur le montant de tout trans-

fert, redistribué entre les clubs où le joueur a été licencié entre 12 et 23 ans. L'effort des clubs français pour protéger leur système de formation qui n'a pas d'égal dans le monde a été récompensé. Cette nouvelle donne va apporter de beaux revenus à des clubs comme Auxerre ou Nantes, champions de l'élevage de jeunes talents. *France Football* s'est amusé l'hiver dernier à comptabiliser le nombre de joueurs formés par ces deux clubs, à l'occasion de leur rencontre en championnat. Résultat : parmi les cinquante et un joueurs utilisés cette saison par l'AJA de Guy Roux et le FC Nantes, trente et un sont des « produits » maison : quatorze Auxerrois et dix-sept Nantais. De quoi s'assurer de substantielles rentrées d'argent dans les mois et années à venir.

Hélas, la nouvelle réglementation qui prévaut désormais au niveau européen, mais aussi mondial, depuis l'automne dernier, n'est que peu respectée ! Jean-Jacques Amorfini, le vice-président de l'Union nationale des footballeurs professionnels, le syndicat des joueurs, est très clair sur ce point : « Chacun se débrouille, agents comme joueurs, pour obtenir une seule chose : le plus d'argent possible. Avec une évidence : l'aspect sportif, ils s'en foutent totalement ! »

Ce qui compte effectivement, c'est de continuer à faire des affaires. Dans cette optique, le consensus est total entre les divers acteurs du système, des présidents de club aux joueurs, en passant par les indispensables agents et intermédiaires. La Fifa a bien essayé de limiter dans le temps les périodes de transactions. Une seule période de transferts est prévue, plus un « mercato » en cours de saison. La première, en été, est limitée à six semaines maximum, l'autre ne peut excéder quatre semaines en hiver. En mars dernier, le conseil d'administration de la Ligue nationale du football français a entériné les dates suivantes : la période des transferts s'ouvrira le 15 mai 2002, juste après la fin des compétitions nationales, et se terminera le 31 août.

Cette longue période tient compte du break constitué par la Coupe du monde, du 31 mai au 30 juin 2002.

La spécificité de chaque pays rend la chose complexe. L'Angleterre, par exemple, a obtenu de n'être soumise à ce régime qu'à partir de la saison 2002-2003, tout en gardant son système de transferts illimités dans le temps à l'intérieur de ses frontières. Autrement dit, il y a un distinguo entre les transferts internationaux concernant ce pays et ceux purement anglo-anglais ! Il est vrai qu'en Angleterre vivent grassement près de cent cinquante agents qui s'entrebattent pour gonfler coûte que coûte leur compte en banque.

Les efforts des instances internationales, qu'elles soient politiques ou du football, n'empêchent pas en tout cas l'incroyable explosion des transferts, tant quantitativement que qualitativement. Les échanges de joueurs sont de plus en plus nombreux (dernier exemple en date : plus de soixante mouvements en France lors du mercato d'hiver 2002) et les prix flambent. Le transfert de Nicolas Anelka d'Arsenal au Real Madrid, à l'été 2000, pour 220 MF (33,5 M€), qui était à l'époque la deuxième plus grosse transaction de l'histoire du football derrière les 280 MF (42,6 M€) lâchés la même année par l'Inter Milan pour débaucher Christian Vieri de la Lazio Rome, ne figure plus qu'en treizième position dans le top 20 des plus gros transferts réalisés à ce jour. Depuis, le Real Madrid a fait exploser le marché avec les achats de Figo puis Zidane. Mais le club espagnol, le plus prestigieux du monde avec ses huit titres de champion d'Europe, n'est pas le seul à faire dans le sensationnel. Lors de l'intersaison 2001-2002, la Juventus Turin n'a pas hésité à acheter le champion du monde français Lilian Thuram à Parme moyennant 265 MF (40,4 M€) mais aussi le gardien parmesan Gianluigi Buffon pour 350 MF (53,3 M€). Parme, qui l'année précédente avait fait un chèque de 370 MF (56,4 M€) à la Lazio pour engager son buteur argentin Hernan Crespo. Autre géant d'Europe, Manchester United n'a pas voulu être en reste et a fait signer le milieu de terrain argentin de la Lazio, Juan Sebastian Veron, pour 301 MF (45,8 M€)... soit cinq fois plus que son illustre compatriote Diego Maradona lorsqu'il quitta l'Argentine en 1982 pour rejoindre le FC Barcelone (pour 60 MF). Qu'ils sont loin les transferts « records » des années quatre-vingt et quatre-vingt-dix ! Des exemples, pour rire ? Le même Diego Maradona a coûté 75 MF à Naples en 1984 pour le faire venir de Catalogne ; Chris Waddle a été acheté 44 MF par l'OM en 1989 ; le Milan AC a déboursé 82 MF pour chiper Jean-Pierre Papin au Marseille de Bernard Tapie ; en 1991, Roberto Baggio a quitté la Fiorentina pour la Juventus Turin moyennant 110 MF ; enfin Pier-Luigi Lentini a été arraché au Torino par le Milan AC pour 160 MF en 1992, record absolu à l'époque...

L'été 2002 ne dérogera pas à la nouvelle règle. Beaucoup de clubs du vieux continent ont leurs finances dans le rouge ? Qu'à cela ne tienne : la Coupe du monde 2002 va mettre en valeur nombre de joueurs internationaux et les mois de juillet et août vont être riches en émotions financières. Patrick Vieira, par exemple, qui a renégocié son contrat la saison dernière avec Arsenal, passant d'un salaire net par mois de 1,2 MF (183 000 euros) à 2 MF (304 900 euros), a longtemps affolé le marché, même si au printemps, selon les vœux d'Arsène Wenger, le manager général français du club londonien, le numéro 4 des Bleus semblait décidé à rester à Arsenal. Le Real Madrid, encore lui, était pourtant prêt à mettre 460 MF (70 M€) sur la table pour enrôler l'ancien Cannois. En vertu du nouveau règlement Fifa, c'eût été une belle opération pour l'AS Cannes, club formateur de Vieira : 5 % de 70 millions ne font-ils pas 3,5 M€ (23 MF) ?

La perspective de perdre leurs meilleurs joueurs, lesquels profitent d'un marché devenu fou où grouillent les intermédiaires, a développé également dans les clubs une pratique inflationniste : celle dite des clauses de cession. En janvier dernier, *France Football* a évalué le potentiel de la *dream team* madrilène, se basant sur les clauses de cession de ses joueurs. C'est ainsi qu'on apprend que Raul, recruté à l'âge de seize ans en 1993, ne peut quitter le Real qu'après versement des... 1,180 milliard de francs (180 M€ !) correspondant à sa clause de cession. Zidane, lui, vaut 492 MF (75 M€), Figo 393 MF (60 M€), Roberto Carlos 570 MF (87 M€). Dans un monde de dingues, la démesure n'a vraiment plus de limites...

Le malheur, c'est que le mauvais exemple donné par les plus grandes entreprises du football mondial que sont le Real Madrid, Manchester United, la Juventus Turin, les deux grands clubs milanais, l'Internazionale et le Milan AC, ou encore Arsenal et le FC Barcelone, fait figure de loi absolue, dans tous les championnats et à tous les niveaux. Les chiffres en jeu varient forcément en fonction de la puissance économique de tel ou tel club, mais les principes restent les mêmes, comme les arnaques et les tours de passe-passe.

LES 15 PLUS GROS TRANSFERTS DE L'HISTOIRE DU FOOT

1. Zinedine ZIDANE (France) : 507 MF (77,2 M€), de la Juventus Turin au Real Madrid (saison 2001-2002)
2. Luis FIGO (Portugal) : 411 MF (62,6 M€), du FC Barcelone au Real Madrid (2000-2001)
3. Hernan CRESPO (Argentine) : 370 MF (56,4 M€) de Parme à la Lazio Rome (2000-2001)
4. Gianluigi BUFFON (Italie) : 350 MF (53,3 M€) de Parme à la Juventus Turin (2001-2002)
5. Juan Sebastian VÉRON (Argentine) : 301 MF (45,8 M€) de la Lazio Rome à Manchester United (2001-2002)
6. Gaizka MENDIETA (Espagne) : 296 MF (45,1 M€) de Valence à la Lazio Rome (2001-2002)
7. Manuel RUI COSTA (Portugal) : 285 MF (43,4 M€) de la Fiorentina au Milan AC (2001-2002)

8. Christian Vieri (Italie) : 280 MF (42,6 M€) de la Lazio à l'Inter Milan (1999-2000)

9. Lilian Thuram (France) : 265 MF (40,4 M€) de Parme à la Juventus Turin (2001-2002)

10. Pavel Nedved (Rep. tchèque) : 250 MF (38,1 M€) de la Lazio Rome à la Juventus Turin (2001-2002)

11. Gabriel Batistuta (Argentine) : 236 MF (35,9 M€) de la Fiorentina à l'AS Roma (2000-2001)

12. Filippo Inzaghi (Italie) : 234 MF (35,6 M€) de la Juventus Turin au Milan AC (2001-2002)

13. Nicolas Anelka (France) : 220 MF (33,5 M€) d'Arsenal au Real Madrid (1999-2000)

14. Nicolas Anelka (France) : 218 MF (33,2 M€) du Real Madrid au Paris SG (2000-2001)

15. Denilson (Brésil) : 212 MF (32,3 M€) du FC Sao Paulo au Betis Séville (1997-1998)

15

Ces jeunes stars qu'on s'arrache

Jérémie Aliadière a montré le chemin. En juillet 1999, le pensionnaire de l'INF Clairefontaine, âgé d'à peine quinze ans, succombe aux charmes d'Arsenal. Des sirènes sonnantes et trébuchantes. Les Gunners d'Arsène Wenger offrent à l'époque 13 MF (1,98 M€) à la famille du joueur pour lui faire traverser la Manche, deux ans après Nicolas Anelka, arraché au PSG pour la somme dérisoire de 5 MF (762 245 euros). Une compensation financière en guise d'aumône que les Anglais, ayant le droit européen pour eux, n'étaient même pas obligés de verser au club parisien.

L'affaire Aliadière fait grand bruit et l'entraîneur d'Arsenal doit essuyer une levée de boucliers des dirigeants et formateurs français indignés, craignant de voir là les prémices d'un exode massif. « Pourtant, Wenger a eu raison, explique Jean-François Jodar, sélectionneur de l'équipe de France des 17 ans, championne du monde à Trinité et Tobago en septembre 2001. Je lui dis bravo car il a su profiter d'un vide juridique. Il est très malin. Il a compris que cela ne servait à rien d'aller faire son marché quand les étals étaient vides. Qui peut le blâmer ? » La loi française est stricte et fait respecter les contrats des jeunes qui n'ont pas encore signé leur première licence en professionnel. En clair, un jeune « doit » à son club formateur son premier contrat pro et ne peut en aucun cas rejoindre un autre club français. Mais rien n'empêche une formation étrangère de venir piller le vivier hexagonal. La brèche est ouverte. La jeune génération peut s'y engouffrer. En deux ans, dix espoirs vont tenter leur chance hors de nos frontières. Parmi eux Christophe Grondin et Mickaël Sabathier, formés à Toulouse. Ils refusent 1 500 francs mensuels (228,67 euros) et un contrat amateur en Haute-Garonne pour toucher dix fois plus à Aston Villa et vivre dans un hôtel luxueux payé par le club. Jodar est lucide : « Quand j'entends les parents ou le club dire que ce n'est pas du tout une question d'argent, cela me fait sourire. Bien sûr, c'est évident. Les jeunes signent seulement parce que les élèves ont de belles tables de travail et que les sièges sont plus moelleux au centre de formation... ! Quand on te met 500 000 francs (76 224,51 euros) sur la table, c'est quand même plus facile de les prendre que de les repousser. »

Mourad Meghni, seize ans, surnommé le petit Zidane, quitte lui Clairefontaine pour Bologne (Italie). Un transfert mouvementé, car le jeune prodige de l'Institut national du football avait signé auparavant un accord de non-sollicitation (ANS) avec l'AS Cannes. Mais si l'ANS interdit au joueur de se lier avec un autre club français, rien ne l'empêche d'aller voir ailleurs si l'herbe est plus verte. Ainsi Saïb, le grand frère de Mourad, aidé par l'agent Bruno Satin, négocie un départ pour le Calcio. Cannes porte plainte contre l'agent. En vain. En Italie, Meghni retrouve le gardien nantais Mickaël Fabre, auquel les Canaris ne souhaitent pas proposer de contrat espoir. « Quand je suis entré dans le bureau de M. Budzynski [directeur sportif du FCNA] il m'a dit : " Votre fils est loin d'être un phénomène ", se souvient avec amertume Belkacem Fabre, le père de Mickaël, qui aurait bien aimé voir son rejeton rester un peu plus longtemps sur les bords de l'Erdre. « Je comprends que des gens soient choqués, mais finalement, je n'avais pas beaucoup d'autre choix que de partir à l'étranger, explique Mickaël. Et pour les Italiens, l'argent n'est vraiment pas un problème. Pour eux, nous donner 15 000 ou 20 000 francs par mois (2 286 ou 3 049 euros), ce n'est rien... » Jusqu'à son premier bulletin de salaire bolognais, le jeune international ne touchait pas un centime. « Et là, en tant qu'étranger, je me suis retrouvé avec un contrat professionnel au milieu des jeunes Italiens qui, eux, se font juste rembourser les indemnités de déplacement », sourit le troisième gardien bolognais, qui, à sa majorité, va bientôt négocier « l'appartement et la voiture ». A leur arrivée à l'étranger, les jeunes Tricolores touchent environ quatre à cinq fois plus que leurs coéquipiers restés en France. Et la progression de leur salaire est exponentielle. Dès la deuxième saison, le fossé se creuse. Lors des rassemblements des sélections nationales, le sujet reste tabou. « On garde pas mal de réserves », avoue Fabre. « C'est peu différent des adultes, poursuit Jodar. Les Français ont un rapport avec l'argent qui n'est pas sain. Tout le monde cache son salaire. Celui qui gagne un gros salaire ne le dit pas parce qu'il a l'impression qu'il l'a volé. Il y a moins d'hypocrisie et de culpabilité à l'étranger. » En tout cas, une chose est claire : pour ses exploits trinitadéens, la bande à Jodar a touché 50 000 francs (7 622 euros). Une récompense non négociée au préalable, mais « généreusement » allouée par Claude Simonet, président de la FFF, sous la pression des jeunes héros à leur retour d'Amérique du Sud.

SINAMA-LE TALLEC, DES COUSINS EN OR

Parmi cette génération dorée, deux joueurs ont fait l'objet de toutes les convoitises. Peu avant le Mondial, Anthony Le Tallec et Florent Sinama-Pongolle, purs produits du centre de formation du Havre, se sont engagés avec Liverpool. A la fin de la saison 2002-2003, le duo normand ira fêter ses dix-neuf ans du côté d'Anfield Road, le stade mythique des Reds. Pour 60 MF (9,14 M€) la paire, Gérard Houllier, manager général du club anglais, a devancé une cohorte de grands clubs européens (Manchester, Arsenal, Fulham, l'Inter Milan, le Milan AC, Bologne, Valence ou encore le Bayern Munich). Pour Le Tallec et Sinama, tout est réglé. Ils ont déjà négocié l'évolution de leur salaire (qui devrait débuter autour de 100 000 francs mensuels, 15 244 euros), le montant des primes, les avantages en nature, etc. Les cousins havrais disposent même de leur sponsor personnel (Adidas pour Le Tallec, Umbro pour Sinama) pour encaisser un revenu d'appoint. Largement de quoi permettre à Le Tallec de s'offrir l'Audi A3 S3 de ses rêves pour ses dix-huit ans, en septembre 2002. « La différence avec les jeunes de mon époque, sourit Jodar, c'est que maintenant, à la descente du bus, ils montent tous dans leurs voitures à 4 ou 500 000 balles... »

Mais tous les jeunes n'ont pas la chance — et le talent — du duo du HAC. La plupart doivent se contenter des salaires prévus par la Charte du football professionnel, basés sur un système de points. Depuis juillet 2001, un point vaut 79,50 francs (12,12 euros). Les minimas ont été largement revus à la hausse depuis la saison 2000/2001 (voir tableau en fin de chapitre). Aux émoluments de base s'ajoutent ensuite les primes de présence, de résultat, de qualification, de classement et d'intéressement ou de sélection nationale.

En France, les clauses de cession n'existent pas chez les jeunes. En Espagne, la méthode bat des records d'absurdité et les sommes en jeu donnent le vertige. Le club qui voudrait s'attacher les services du jeune prodige de l'Atletico Madrid, Fernando Torrès, dix-sept ans, devra théoriquement débourser... 600 MF (91,5 M€). Plus qu'indécent, ridicule. Virtuellement, Torrès vaut plus que Zidane ! En Espagne, les clauses de cession surréalistes sont monnaie courante dans les grands clubs pour décourager un départ à l'ennemi (de l'Atletico au Real ou au Barça par exemple). Dans la sélection ibère des moins de dix-huit ans, le joueur le moins coté est estimé à 30 MF (4,57 M€). Torrès, donc, culmine à

600 MF (91,5 M€). Et la moyenne des internationaux oscille entre 120 et 160 MF (18,3 M€ et 24,4 M€).

LA COULEUR DE L'AGENT

Le recrutement des jeunes prend parfois des allures de marché aux bestiaux. Chaque printemps, au tournoi international minimes de Montaigu, nombre d'agents déferlent dans l'espoir de recruter dans leur écurie la crème des 13-14 ans. Ceux que l'on a l'habitude de surnommer « les longs manteaux », le portable collé à l'oreille, tentent d'abord de séduire les parents. « On dirait des VRP en représentation, raconte la mère d'un jeune espoir. On collectionne les cartes de visite. C'est tout juste s'ils ne sortent pas un catalogue de leurs joueurs. La majorité nous parle de projet sportif, d'évolution de l'enfant, mais quelques-uns n'ont que le tiroir-caisse dans la tête. Ils me disent déjà combien mon fils peut toucher dans dix ans ! » « Cela ne me choque pas que des agents ou des recruteurs de grands clubs étrangers soient présents dans les tournois de jeunes, relève Jean-François Jodar. Les agents, ce sont juste des commerciaux. Ni plus, ni moins. Ils ont une marge sur le produit qu'ils vendent. Et le produit, c'est le joueur. Il y en a marre d'entendre les agents par-ci, les agents par-là. Je n'ai pas encore lu dans les faits divers qu'un agent avait braqué un président de club pour l'obliger à faire signer un joueur. Ou les présidents sont complètement idiots de discuter avec des gens qui leur font payer très cher, ou alors tout le monde s'y retrouve. Je n'en dirais pas plus... Quant aux grandes équipes européennes, elles ont un réseau d'observateurs impressionnant et efficace. Moi, ce qui me choque, c'est de voir que souvent les clubs français ne se déplacent même pas dans les tournois de jeunes ! »

LES NOUVEAUX ESCLAVAGISTES

En Europe, les jeunes footballeurs sont protégés. Ce n'est pas le cas en Afrique. L'exemple de Serge Bodo Njiki est édifiant. Comme tous les jeunes Africains, Serge caresse le rêve d'évoluer un jour en Europe. Buteur vedette de l'Olympique de M'Volye, club de Yaoundé, au Cameroun, Serge s'envole pour Montpellier. Il n'a jamais entendu parler du club héraultais mais le simple fait de venir en France suffit à son bonheur. Même s'il n'est pas payé, le jeune Camerounais est logé à l'hôtel et poursuit sa scolarité comme l'exige la loi française. Un mois plus tard, le cauchemar commence. Le club belge de Gand lui propose de signer un contrat professionnel. Le jeune Camerounais part pour la Belgique avec un visa temporaire de trois mois, et, au bout d'un mois d'entraînement, attend en vain son premier salaire. Deux mois plus tard, Gand n'a plus besoin de lui. Serge se retrouve à la rue, bientôt en situation irrégulière, sans même pouvoir se payer un billet retour pour l'Afrique. Là, un club de D3 le repère et lui fait signer un bout de papier écrit en flamand auquel il ne comprend rien. C'est un contrat, sans salaire fixe. « De temps en temps, ils me donnaient 150 ou 200 francs (22 ou 30 euros) quand ils en avaient envie », raconte-t-il. La galère n'est pas finie. Serge rencontre un pseudo-agent, beau parleur, qui lui promet la fin de ses soucis et un contrat en D1 avec Malines. Seul hic, le joueur doit se lier officiellement avec l'agent avant de signer pour le club. Le contrat stipule qu'il doit reverser 5 % de ses gains à l'agent. Après signature du joueur, le 5 se transforme bizarrement en 50. La commission vire au racket. « Mais que pouvais-je faire ? J'étais dépressif, clandestin et sans un sou en poche. Moi, je voulais juste jouer au foot, avoir un toit et manger à ma faim ! L'agent a profité de la situation. J'étais à sa merci. » Finalement, après avoir subi la pression morale et les passages à tabac de son « agent », Serge se sort lui-même de la spirale infernale en se trouvant un club. Mais comme lui, des centaines de jeunes foot-balleurs africains voient leurs illusions brisées par des marchands de rêve dont les méthodes s'apparentent à celles des grands réseaux de prostitution ou de trafic de drogue. En Europe, la Belgique est la plaque tournante de ce trafic. Deux mille cinq cents à trois mille jeunes en situation illégale ou précaire vivent actuellement dans les Flandres. La France n'est pas épargnée. En décembre 2000, en plein cœur des affaires de faux passeports, Jean Verbecke, président de la Ligue d'Ile-de-France, révélait qu'environ trois cent cinquante faux passeports avaient été recensés dans le football amateur francilien. Ils correspondent pour la plupart à des étrangers en situation irrégulière.

L'AFFAIRE DABO-SILVESTRE

Eté 98. Djorkaeff, Ronaldo et consorts voient débarquer au centre d'entraînement de l'Inter Milan deux jeunes Français en provenance de Rennes : Ousmane Dabo et Mickaël Silvestre, 21 ans chacun. En Lombardie, ils retrouvent Sébastien Frey (18 ans) et Zoumana Camara (19 ans) que Cannes et Saint-Etienne, les finances à zéro, ont laissé partir légalement pour 12 MF chacun (1,83 M€). Le club breton, lui, accepte difficilement la fuite de ses deux espoirs, qui auraient dû honorer leur premier contrat pro avec leur club formateur. Dabo raconte : « A Rennes, on nous avait proposé un contrat de cinq ans avec salaire imposé par le club. Quand nous avons tenté de négocier, les dirigeants nous ont dit : " Si vous ne signez pas avant quinze jours, vous aurez le minimum prévu par la Charte. " Rennes n'a pas bougé d'un pouce, alors on n'a pas signé, restant stagiaires niveau 3. D'autant que l'on en avait parlé autour de nous en sélection et d'autres clubs offraient des avantages annexes, en payant, par exemple, les loyers des appartements. Ensuite, l'Inter a fait le forcing et nous n'avons pas hésité. » René Ruello, président de Rennes à l'époque, s'insurge et réclame 60 MF (40 pour Silvestre et 20 pour Dabo), soit 9,15 M€, en guise d'indemnités. Il dénonce « une magouille pure et nette, de l'escroquerie, du vol ». Devant la fin de non-recevoir des dirigeants milanais, Rennes en appelle à l'arbitrage de la Fifa. Le 3 décembre 1998, à Zurich, le gouvernement du football mondial fixe à 28 MF (14 par joueur) soit 4,27 M€ la somme que l'Inter doit verser à Rennes en guise d'« indemnité de formation ».

LA RÉFORME DES TRANSFERTS CHEZ LES JEUNES

En septembre 2001, la Commission européenne et la Fifa ont entériné la réforme des transferts. Une réforme qui intéresse au plus haut point les clubs formateurs. En premier lieu, le transfert international des joueurs de moins de 18 ans n'est autorisé que sous certaines conditions. Ensuite, les clubs formateurs obtiendront une compensation financière sur les transferts des joueurs de moins de 23 ans. Au-delà de 23 ans, le club acquéreur devra redistribuer 5 à 10 % du transfert, une somme que se partageront tous les clubs dans lesquels le joueur aura évolué entre 12 et 23 ans. A présent, l'exode peut rapporter gros. La formation « à la française » va enfin recueillir les dividendes de son excellent travail.

Exemple : si Zinedine Zidane quitte un jour le Real Madrid pour 600 MF (91,5 M€), 30 à 60 MF (4,57 à 9,15 M€) seront redistribués au SO Septèmes, à l'AS Cannes et à Bordeaux. Une manne providentielle pour la formation azuréenne, un miracle pour le club provençal dont le budget annuel dépasse à peine 700 000 francs (106 714 euros).

La situation est paradoxale. Les clubs français ont le plus grand mal à retenir leurs jeunes prodiges mais, depuis la réforme des transferts, ont tout intérêt à les voir signer de juteux contrats ! Si le niveau du championnat de France peut en pâtir, les jeunes, eux, y trouvent leur compte. « Quand j'entends dire qu'ils peuvent être déstabilisés par tout ce qui les entoure, ça me fait marrer, souligne Jean-François Jodar. Il est quand même beaucoup plus déstabilisant et inquiétant d'être un jeune des banlieues, sans boulot et sans grand avenir, que d'avoir été recruté par un grand club pro en ayant déjà quelque chose sur son compte en banque alors que l'on n'a rien prouvé. Le mec des cités qui veut avoir le dernier DVD, il va peut-être le piquer. Moi, le mien, il n'aura qu'à sortir son portefeuille. Je ne sais pas si c'est moral, mais c'est comme ça. Ils ont raison d'en profiter. En fin de compte, j'en veux beaucoup à mes parents. Il aurait mieux valu que je naisse en 1989 plutôt qu'en 1949. Le peu de talent que j'avais aurait suffi à me rapporter beaucoup. »

Les salaires minimum en 2001-2002

En D1, jeunes issus du statut stagiaire, contrat de cinq ans
— 1ᵉ année : 15 900 F (2423,94 €)
— 2ᵉ : 19 875 F (3 029,92 €)
— 3ᵉ : 23 850 F (3 635,91 €)
— 4ᵉ : 27 825 F (4 241,89 €)
— 5ᵉ : 33 390 F (5 090,27 €)

Contrat de trois ans :
— 1ᵉ : 19 875 F (3 029,92 €)
— 2ᵉ : 23 850 F (3 635,91 €)
— 3ᵉ : 27 825 F (4 241,89 €)

En D1, jeunes issus du statut espoir, contrat de cinq ans
— 1ᵉ : 25 440 F (3 878,30 €)
— 2ᵉ : 28 620 F (4 363,09 €)
— 3ᵉ : 31 800 F (4 847,88 €)
— 4ᵉ : 38 160 F (5 817,45 €)
— 5ᵉ : 43 725 F (6 665,83 €)

Contrat de trois ans
— 1ᵉ : 28 620 F (4 363,09 €)
— 2ᵉ : 31 800 F (4 847,88 €)
— 3ᵉ : 38 160 F (5 817,45 €)

En D2, jeunes issus du statut stagiaire, contrat de cinq ans
— 1ᵉ : 12 322 F (1 878,55 €)
— 2ᵉ : 15 105 F (2 302,74 €)
— 3ᵉ : 18 285 F (2 787,53 €)
— 4ᵉ : 21 067 F (3 211,72 €)
— 5ᵉ : 23 850 F (3 635,91 €)

Contrat de trois ans
— 1ᵉ : 15 105 F (2 302,74 €)
— 2ᵉ : 18 285 F (2 787,53 €)
— 3ᵉ : 21 067 F (3 211,72 €)

En D2, jeunes issus du statut espoir, contrat de cinq ans
— 1ᵉ : 17 887 F (2 726,93 €)
— 2ᵉ : 20 670 F (3 151,12 €)
— 3ᵉ : 23 850 F (3 635,91 €)
— 4ᵉ : 26 632 F (4 060,10 €)
— 5ᵉ : 29 415 F (4 484,29 €)

Contrat de trois ans
— 1ᵉ : 20 670 F (3 151,12 €)
— 2ᵉ : 23 850 F (3 635,91 €)
— 3ᵉ : 26 632 F (4 060,10 €)

Championnat national sur cinq ans
— 1ᵉ : 9 540 F (1 454,36 €)
— 2ᵉ : 11 925 F (1 817,95 €)
— 3ᵉ : 14 310 F (2 181,55 €)
— 4ᵉ : 16 297 F (2 484,54 €)
— 5ᵉ : 19 477 F (2 969,33 €)

Championnat national sur trois ans
— 1ᵉ : 11 925 F (1 817,95 €)
— 2ᵉ : 14 310 F (2 181,55 €)
— 3ᵉ : 16 297 F (2 484,54 €)

16

L'exemplaire affaire Rothen

On appelle ça le marché des transferts : un monde à part, avec ses initiés, ses réseaux, ses circuits financiers. Ouvert le 22 décembre 2001, le cinquième marché hivernal des transferts, dit le « mercato », s'est refermé le 31 janvier 2002, à minuit. Il a permis de vérifier la dérive d'un milieu où tous les coups sont permis, où l'on s'embarrasse rarement de la parole donnée et pas davantage d'un accord signé. Seuls les intérêts personnels dictent la conduite à tenir. Or il y a désormais trop de monde autour de la table. Résultat, les ententes entre amis se multiplient et la circulation de commissions occultes se généralise, entraînant des pratiques douteuses.

Parmi les « drôles » d'histoires du mercato 2001/2002, celle du transfert de Jérôme Rothen de Troyes à Monaco retient plus particulièrement l'attention. Parce qu'elle est symptomatique des us et coutumes désormais en vigueur. Parce qu'elle est révélatrice, d'une certaine façon, de l'état de délabrement moral du football français.

Dernière recrue de l'AS Monaco, le milieu de terrain offensif Jérôme Rothen, vingt-quatre ans, fait aujourd'hui l'objet d'une plainte déposée par le groupe IMG-McCormack devant le tribunal civil de Paris. Pourquoi, comment en est-on arrivé là ? Il suffit de dérouler le fil. A l'issue de la saison 1999/2000, Rothen quitte le Stade

Malherbe de Caen (D2) pour rejoindre Troyes, un club de l'élite aux ambitions modestes. Pour sa première saison dans l'Aube, le joueur doit percevoir un salaire brut mensuel de 70 000 francs (10 672 euros), puis 80 000 francs (12 196 euros) l'année suivante. Ce choix de carrière raisonnable doit lui permettre dans un premier temps de s'imposer au sein de l'effectif d'Alain Perrin avant de rebondir dans un club plus huppé et donc plus fortuné.

Pour cela, il lui faut un imprésario qui veillera à sa promotion. En octobre 2000, Rothen décide donc de changer d'agent. Il ne renouvelle pas le contrat qui le lie à Régis Dupuis et s'engage pour deux ans avec Sport Management Communication, la division football du groupe IMG-McCormack en France, dont le siège est à Paris. Pendant tout le temps que va durer cette collaboration, Axel Lablatinière sera son principal interlocuteur. Il appellera son « poulain » plusieurs fois par semaine, ira le voir régulièrement et le tiendra constamment informé de ses démarches le concernant. Pour l'heure, il est surtout question de renégocier à la hausse la rémunération du joueur. Pendant plusieurs mois, des discussions s'engagent. Finalement, en septembre 2001, Daniel Vacelet, le président de Troyes, propose d'augmenter le salaire de Rothen 80 000 à 200 000 francs (de 12 196 à 30 490 euros). En contrepartie, la clause de son éventuel départ passe de 20 MF à 35 MF (3,05 M€ à 5,34 M€). Si elles n'ont pas, aux yeux de la Fédération française de football, d'existences légales, ces clauses figurent pourtant au bas de tous les contrats et peuvent très bien, en revanche, bloquer le transfert d'un joueur.

A première vue, l'offre est alléchante. Axel Lablatinière conseille pourtant à Jérôme Rothen de rejeter la proposition troyenne. Ce qu'il fait. Une clause à 5,34 M€ peut rebuter de futurs acquéreurs. Mieux vaut patienter un peu et conserver un bon de sortie à 3,05 M€. Le manque à gagner sera facilement récupéré sur le prochain contrat. Celui-ci s'annonce de toute façon imminent. L'été qui s'achève a vu un nombre important de clubs se pencher sur les conditions d'un transfert de l'ancien Caennais. Nantes, Lyon, Lens (qui finira par lui préférer le Stéphanois Pédron), se sont renseignés. Du bout des lèvres. Les Girondins de Bordeaux, en revanche, anticipant sur un départ probable de Dugarry, ont été plus avant, hésitant longtemps avant de renoncer, sur ordre d'Elie Baup, le mardi 28 août, quatre jours avant la clôture du marché d'été. Seul Luis Fernandez, entraîneur-manager du PSG, est vraiment resté insensible au talent de Rothen. Un dîner a pourtant réuni Fernandez, Rothen et son agent pendant la quinzaine de Roland-Garros mais cela n'a pas suffi à convaincre le nouvel homme fort du PSG. Peu importe. Auteur d'une belle saison, Rothen a vu sa cote grimper sensiblement. Impatient, il vit mal ce contretemps dans un transfert annoncé.

En surface, aucune altération des relations entre IMG et son « client ». En privé, Jérôme Rothen se montre irrité d'entamer une nouvelle saison avec Troyes. Envolée la promesse d'une belle prime à la signature en cas de transfert, envolé le rêve d'un salaire multiplié par trois ou quatre. Le 29 septembre 2001 a lieu le match Troyes-Sochaux comptant pour la 9e journée de championnat. A l'issue de la rencontre, Jérôme Rothen invite Axel Lablatinière à dîner chez lui. Soirée cordiale. On parle de tout, de rien. Deux jours plus tard, l'agent IMG reçoit à son bureau parisien une lettre recommandée lui signifiant « la fin de leur collaboration ». Derrière cette décision, se cache un nouveau personnage : Christophe Horlaville. C'est lui qui a poussé Rothen à rompre unilatéralement son contrat. Les deux hommes se connaissent bien. Ils se sont fréquentés à Caen, lorsque le principal objectif d'Horlaville était encore de pousser les ballons au fond des filets. En fin de carrière, sans diplôme ni licence, Horlaville s'est associé à Thierry Dubois (agent agréé, lui) dans la société Sport Conseil International. A aucun moment, il n'apparaîtra en première ligne dans cette opération.

Logique : inscrit sur la liste des chômeurs UNFP, Horla-ville perçoit des indemnités. Une situation incompatible avec des activités rémunérées de collaborateur.

C'est là que tout se complique. Suivez bien : Rothen a signé un contrat d'exclusivité avec IMG jusqu'au 30 novembre 2002, enregistré auprès de la FFF. Puis un autre, déposé le 20 octobre 2001, le liant à la société Sport Conseil International officiellement représentée par Thierry Dubois. Deux contrats avec deux agents agréés. Que dit la Fédération française ? Elle ne pipe mot. Pourtant, le code de déontologie, paraphé par les agents avant qu'on ne leur remette leur licence pour exercer sur le sol national, interdit cette pratique. Alors pourquoi ? La vérité est cruelle : la FFF, désormais investie de la responsabilité du bon déroulement des transferts nationaux, n'est pas en mesure de trancher le moindre conflit. Explications désolées de Jean Lapeyre, chef du service juridique de la Fédération : « Malheu-reusement, la commission chargée d'examiner les litiges n'existe toujours pas à la FFF. Nous sommes dans l'attente du décret d'application de la loi du 6 juillet 2000 qui doit nous donner les conditions pour mettre en place cette structure. Pour l'instant, nous n'avons pas les moyens d'appliquer notre dispositif pénal. C'est une situation très inconfortable. » Pas pour tout le monde...

Le 5 décembre 2001, Axel Lablatinière, « sûr de son bon droit », présente à Jérôme Rothen une offre ferme émanant de Rennes. L'agent IMG montre par là même qu'il n'entend pas s'effacer. Officiellement, Rothen est toujours sous contrat avec lui. Le joueur n'en a cure et ne prête aucune attention à la proposition bretonne. On approche du mercato d'hiver. De nouvelles rumeurs cir-culent. On reparle de Rothen au PSG, ce qui irrite Luis Fernandez. Mais la plus folle vient d'Angleterre. Arsenal serait sur les rangs pour débaucher le Français. Arsène Wenger, le manager des « Gunners », se serait personnel-lement manifesté. Rothen et Dubois confirment publi-quement. Publicité assurée. Sauf que Wenger dément le

5 janvier 2002 dans un entretien accordé à Christophe Delacroix, du journal *Ouest-France* : « Je n'ai jamais appelé Rothen ou ses agents, dit-il. Je reconnais ses qualités mais il ne nous intéresse pas. » Damien Comoly, recruteur du club anglais en Europe, va encore plus loin : « C'est une affaire montée de toutes pièces par ses agents, il n'y a jamais rien eu entre Rothen et Arsenal. Pourtant, depuis deux mois, on essaie de nous faire croire le contraire. » Dans la foulée, le FC Nantes, en proie à de très sérieuses difficultés sportives, déplore la blessure de son milieu gauche Olivier Quint. Lablatinière contacte immédiatement Robert Budzynski, le directeur sportif nantais. En quelques minutes, l'affaire prend forme. Nantes règle le montant de la clause de sortie (3,05 M€), propose à Rothen 3,35 M€ pour un contrat de quatre ans et demi (dont une prime à la signature de 2 MF (300 000 euros)), ainsi qu'une clause libératoire en cas de descente en D2. Son salaire brut mensuel sera de 300 000 francs (45 734 euros) les six premiers mois avant d'être réévalué au fil des saisons. En sus, il pourra profiter gratuitement d'un pavillon F6.

Le 21 décembre 2001, Lablatinière présente ces conditions à Rothen. Qui prend note... avant de prévenir ses nouveaux conseils. C'est donc au tour d'Horlaville de contacter Budzynski. Embarras du dirigeant nantais. Avec qui traiter ? Il décroche son téléphone, appelle le service juridique de la FFF et s'entend répondre : « Négociez avec la personne que vous présente le joueur. » Soit. Dans les médias, Rothen se dit « emballé », persuadé de « franchir un cap » en rejoignant le club champion de France en titre, même si celui-ci se traîne à la dernière place du classement. La signature est imminente. L'histoire aurait pu s'arrêter là et l'affaire se conclure. Sauf qu'en quarante-huit heures, le vent va encore changer de direction. A Troyes, le président Daniel Vacelet voit d'un mauvais œil le départ de Rothen à Nantes pour seulement 3,05 M€, le montant initial de la clause de sortie. Il se tourne vers Jean-Louis Campora, son puissant homologue monégasque.

Ce dernier lui est redevable depuis les dernières élections à la Ligue nationale de football. A cette époque, Vacelet avait lâché Noël Le Graet, président sortant, pour soutenir le clan Campora, lui-même candidat. Ensemble, ils trouvent un arrangement : va pour un bon de sortie à 27 MF (4,12 M€), plus la rétrocession de l'attaquant Nicolas Bonnal valorisé à 15 MF (2,29 M€). Salaire estimé de Rothen : 400 000 francs (60 070 euros). Jeannot Werth, agent historique de Didier Deschamps depuis douze ans, est mandaté par le club de la Principauté pour négocier « en direct » avec Dubois et Horlaville (il est bon de préciser que Werth était autrefois l'agent d'Horlaville). Le 10 janvier 2002, le contrat est signé. A Nantes, Robert Budzynski attend toujours un coup de fil d'explications. « Je fais du sur-mesure et je n'ai pas d'état d'âme, croit bon de préciser Jeannot Werth. J'amène les joueurs dans les clubs qui me le demandent, ou l'inverse. Après, les joueurs peuvent travailler avec X, Y, ou Z, je m'en fous. »

Le groupe IMG-McCormack tente alors une ultime manœuvre sous la forme d'un arrangement à l'amiable. Objectif : récupérer une partie de la commission que le duo Dubois-Horlaville a perçue sur un transfert à plus de 6,10 M€. Devant le nouveau refus de Sport Conseil International, plainte est déposée au tribunal de Paris. Désormais, c'est à la justice civile que revient d'écrire le dernier chapitre de cette histoire. En attendant d'autres plaintes et d'autres jugements.

17

Des agents très spéciaux

Comme la mauvaise herbe, ils prolifèrent, font partie intégrante du paysage et finissent par pourrir tout, terre noble et arbres centenaires compris. C'est ce que pensent de nombreux acteurs du football. « Ils », ce sont les agents de joueurs. Appelés aussi conseillers, imprésarios, managers ou intermédiaires. Anciens joueurs, avocats, hommes d'affaires, ou encore amis, frère, père, oncle, ils gèrent la carrière et la vie quotidienne de la très grande majorité des footballeurs professionnels. Depuis 1994, des règles régissent ces collaborations qui n'ont qu'un but *in fine* : assurer le maximum de profit aux uns comme aux autres. Le football pro, français ou étranger, est complètement gangrené par l'argent ? Les agents sont montrés du doigt et traités de mafieux, de malhonnêtes. Certains méritent cette réputation. Pas tous. Surtout, ils ne sont pas les seuls à s'en mettre plein les poches. Présidents, directeurs sportifs, managers, entraîneurs et joueurs « en croquent » aussi. Le récent film de Fabien Onteniente *3 zéros* (avec Gérard Lanvin, Gérard Darmon et Ticky Holgado) montre certains aspects de ce monde ténébreux. Le réalisateur a mené son enquête et il avoue : « Les footballeurs représentent de l'argent. Alors, ils attirent les parasites, les agents foireux, les baltringues... Les types un peu louches qui traînent dans les vestiaires, avec les gabardines typiques comme dans les vieux films. J'ai même surpris une conversation, un soir au Stade Vélodrome de Marseille, où ils parlaient des joueurs comme s'ils parlaient des chevaux. » Bien vu.

Mais pénétrer dans le monde des agents est complexe. Telle l'hydre de Lerne, serpent d'eau fabuleux de la mythologie grecque, dont chacune des sept têtes repoussait à mesure qu'on la coupait, cette profession encaisse les condamnations de ses pairs les plus indélicats et résiste à sa très mauvaise réputation pour en ressortir encore plus forte, toujours plus influente. Le monde du football n'a toujours pas trouvé son Hercule pour la décapiter !

Les agents sont de plus en plus nombreux. En janvier 1999, ils étaient 36, titulaires de la licence Fifa, à exercer en France. Deux ans plus tard, ils étaient 50. Depuis septembre 2001, ils sont 98 ! Plus de 600 d'entre eux ont investi les divers championnats du monde. Leur pouvoir est tel, leur avenir si florissant qu'en Angleterre, par exemple, les courtiers s'agitent en Bourse sur les compagnies d'agents...

Les instances du football tentent de canaliser le phénomène, d'en juguler les dérives. Nombre d'agents ont été ici ou là condamnés : on pense au célèbre Ljubomir Barin, homme d'affaires croate qui a dû se réfugier chez lui à Zagreb pour échapper à la justice de plusieurs pays européens, par exemple la France... Des règles sont édictées, notamment un règlement spécial, promulgué le 20 mai 1994 par le comité exécutif de la Fifa, exécutoire depuis le 1er janvier 1995. Il est en particulier stipulé qu'un agent doit être titulaire d'une licence délivrée par la Fifa pour tous types de transferts, ou par sa fédération pour les transferts internes au pays. Les joueurs et les clubs ne sont pas autorisés à faire appel aux services d'un agent non agréé, sauf s'il s'agit d'un proche parent, ou si l'agent est avocat dans leur pays de résidence. Jusqu'en 2001, toute personne voulant devenir agent Fifa devait déposer une garantie de 800 000 francs (121 959 euros) sur un compte en

Suisse. Ce qui valut des scènes cocasses de prétendants au sésame, débarquant avec des valises pleines de billets ; ou, au contraire, de personnes s'endettant comme cette maman, Soukeyna Ba, qui, en 1999, devint agent de son fils Youness, jeune footballeur de seize ans, après avoir vendu tous ses biens immobiliers pour payer la garantie... Aujourd'hui, l'agent postulant se contente de souscrire une assurance pour couvrir les dommages et intérêts pouvant être réclamés par le joueur, le club, un autre agent. Le 28 septembre 2001 à Charléty, un examen écrit a réuni quatre-vingt-treize candidats au métier d'agent. Plus de la moitié d'entre eux ont été reçus. Le 21 mars, dans les tribunes d'honneur du Parc des Princes, ils étaient cette fois deux cent trente à tenter leur chance. Parmi eux, d'anciens pros comme Philippe Vercruysse, Vincent Guérin ou Jean-Louis Bérenguier ; des « fils de » comme Laurent Tapie ou des « frères de » tel Didier Anelka. L'examen, concocté par la FFF et la Fifa, était plus corsé que lors de la première session, en septembre 2001. Il fallait répondre positivement à 68 % des questions pour obtenir son sésame : seuls quatre candidats ont passé l'examen avec succès.

Une fois licencié, comment est rétribué l'agent ? Contrairement à ce qui se passe dans le monde du show-biz, par exemple, les agents des joueurs professionnels ne sont pas en majorité payés par ces derniers, mais par les clubs. Philippe Piat, le président de l'UNFP, a calculé que chaque année, les clubs français versent au total 197 MF (30 M€) de commissions aux agents de joueurs intervenant dans les transferts ! Les contrats de médiation entre un agent et un club ou un joueur sont examinés par le service juridique de la FFF. Mais seuls les contrats d'agents domiciliés en France sont soumis à ce contrôle. La vérification sera étendue à partir de la saison 2002-2003.

Les agents prélèvent un pourcentage sur le montant des salaires de leurs protégés, qui ne peut excéder 10 %. En moyenne, ils s'octroient 7 % sur le total des salaires négociés entre les clubs et les joueurs et sur la durée du contrat. Prenons un exemple précis : le joueur Z signe un contrat avec le PSG pour un salaire mensuel de 500 000 francs (60 980 euros) sur trois saisons, soit un total de 18 MF ou 2,74 M€ (trente-six mois multipliés par 500 000 francs ou 60 980 euros). L'agent de Z va percevoir du PSG admettons 7 % de cette somme, soit 1,26 MF (192 000 euros). Ce revenu ne tient évidemment pas compte des primes diverses stipulées sur le contrat du joueur : primes au nombre de matchs joués, aux buts marqués, aux objectifs atteints, comme une qualification européenne ou un titre de champion, plus les avantages en nature... On comprend mieux pourquoi l'agent a intérêt à avoir le plus grand nombre possible de joueurs sous contrat et à les faire changer de club dès que l'occasion se présente ! A chaque transfert, c'est le jackpot assuré.

Concrètement, c'est la foire d'empoigne, et ce pour de multiples raisons. Les joueurs n'hésitent pas en effet à négocier un transfert avec d'autres agents que celui avec lequel ils sont sous contrat. En outre, il doit compter avec des techniciens ou dirigeants de clubs qui sont parfois eux-mêmes... agents de joueurs (parmi de multiples exemples, citons le cas de Rolland Courbis, ancien patron technique de Toulon, Bordeaux ou Marseille, actuellement à Ajaccio, ou celui de Jean Tigana, manager général de Fulham, en Angleterre).

Dès qu'un jeune joueur fait montre de talent, c'est une meute de requins qui tourne autour de lui. Les exemples de transferts rocambolesques foisonnent, comme celui de Thierry Henry de Monaco à la Juventus Turin en janvier 1999 où pas moins de cinq agents ont successivement essayé de tirer les marrons du feu (Michel Basilevitch, Alain Migliaccio, Jean-François Larios et Marc Roger, Lucio D'Onofrio). A coups de pré-contrats qu'ils font signer à des joueurs à peine sortis de l'adolescence et qui n'ont aucune notion de l'argent ni des conséquences juridiques de leur signature, ou de pressions exercées sur les proches, souvent des parents issus de milieux modestes que la valse des millions proposés enivre, certains intermédiaires sont prêts à tout pour rafler les mises. Les témoignages d'agents eux-mêmes sont édifiants. Ainsi Michel Benguigui, agrégé d'anglais et juriste de formation, agent agréé Fifa, avec un intermède comme directeur sportif des Girondins de Bordeaux, expliquait-il à Didier Romain, grand reporter au journal *Le Parisien* en décembre 1998 : « Notre profession d'agent est basée sur le mensonge. Avant, il y avait le respect de la parole donnée. Maintenant, trop de gens gravitent autour des joueurs en leur promettant l'Inter de Milan ou le Real Madrid. En général, c'est du vent (...). D'autre part, multiplier les transferts est une hérésie. Financièrement, c'est bon pour l'agent et le joueur mais sportivement... Regardez Pedros la saison dernière (en 1997-98), transféré de Nantes à Marseille, de Marseille à Parme et de Parme à Lyon. Y a-t-il trouvé son compte ? » International français, Reynald Pedros n'a pas en effet disputé la Coupe du monde 1998 et a complètement disparu de la circulation par la suite...

Il arrive parfois que les agents se fassent également « avoir » au plan financier. Michel Benguigui, toujours au *Parisien* : « J'ai réalisé le transfert de David Ginola de Newcastle à Tottenham sur la base de 20 millions de francs pour un contrat de quatrer ans, avec 7 % de commission payable par le club, soit 1,4 million. Or Alan Sugar, le président du club anglais, m'a mené en bateau et je n'ai touché que 380 000 francs à partager en deux avec l'agent marketing de Ginola. Sur les 190 000 francs restant, la moitié part aux impôts et comme j'ai engagé 30 000 francs de frais... Cette affaire m'a finalement rapporté 65 000 francs, soit un revenu mensuel sur quatre ans de 1 300 francs. Voilà la réalité. » On doute que Michel Benguigui vive aujourd'hui dans la misère mais son témoignage est éclairant quant aux méthodes appliquées ici ou là.

Les phases finales de Coupe du monde sont généralement propices à toutes les manœuvres, légales et surtout illégales. Les agents vont faire leur marché avant la grande période des transferts d'été. En 1998, l'intermédiaire yougoslave Milan Radovanovic, mentor de l'ancien joueur parisien Vincent Guérin, avait déserté les champs de course (sa grande passion) pour prospecter, de Nantes à Saint-Etienne en passant par Toulouse, pendant la compétition mondiale. « Et alors, les joueurs ne sont pas en prison, se justifiait-il. On peut toujours avoir un rendez-vous ! On connaît la plupart du temps quelqu'un dans une sélection qui peut nous mettre en relation... »

Les « amis », le bouche-à-oreille, les « espions » placés dans tous les clubs, ceux qui prospectent et sillonnent la France et l'Europe à la recherche de jeunes oiseaux rares, font partie de la panoplie du parfait agent de joueur. Entre eux, les intermédiaires ne se font aucun cadeau. « Plus rien ne me surprend. C'est à celui qui baisera l'autre », révélait récemment, fataliste, Frédéric Dobraje. A presque quarante-six ans, Dobraje ne se fait plus d'illusions sur un métier dont il est l'une des figures de proue en France. Il a donné des coups, en a reçu. Qui dans le milieu du football n'a pas croisé ces dix dernières années ce grand gaillard aux longs cheveux bruns et au visage d'Indien ? Pendant les périodes de transferts, et même en dehors, Dobraje est partout. Le matin, dans le hall du Concorde-Lafayette à Paris, porte Maillot, le soir au stade Saint-Symphorien de Metz et la nuit dans une discothèque de la « capitale » mosellane, entouré de jolies filles et de leurs copains ou maris... footballeurs professionnels. Dobraje couve, conseille, fait et, parfois, défait une carrière. Mais il sait désormais que la loi de la jungle est devenue la règle. Elle est loin la profession de foi de ses débuts : « Pendant seize ans, de 1973 à 1989, j'ai été pro et j'ai géré ma carrière tout seul. Avec plein d'erreurs. J'ai décidé d'aider les joueurs actuels pour éviter ça. »

Frédéric Dobraje est en France un pionnier dans un métier qui connaît une expansion incontrôlée. Il n'est pas le seul à rouler en grosse cylindrée ou à s'habiller chic. Un agent de joueur aujourd'hui vit plus que coquettement parce que les montants des transferts, et donc les commissions qu'ils perçoivent, suivent une logique inflationniste folle. A l'été 2001, pour ne citer qu'un exemple, le duo Henri Zambelli-Philippe Flavier, qui travaille depuis des années ensemble, a récolté 10 MF (1,52 M€) lors du transfert d'Eric Carrière, élu par ses pairs meilleur joueur de division 1 française la saison précédente, de Nantes à Lyon. Un montant trois fois supérieur aux bénéfices engrangés sur une saison entière par Jeannot Werth, l'agent « historique » de Didier Deschamps capitaine des champions du monde 1998, en 1995 !

Si, comme on l'apprend dans le guide *Le Sportif et son agent*, le premier agent répertorié fut C.C. Pyle qui géra la carrière de la star de football américain Red Grange dans les années vingt et négocia pour lui un contrat lui garantissant 100 000 dollars pour huit matchs avec les Chicago Bears, on ignore en revanche jusqu'où et avec quelles prérogatives futures va s'organiser, demain, la profession. Reste qu'un bon coup de balai semble s'imposer, chez les agents eux-mêmes, mais aussi dans le camp de leurs interlocuteurs privilégiés qui les encouragent à tricher, on veut parler des dirigeants de club. Les relations entre ceux-ci et ceux-là sont d'ailleurs régulièrement dénoncées. Dès mars 1999, dans une interview accordée à Richard Porret pour *L'Equipe*, Michel Platini, homme de confiance de Sepp Blatter, le patron de la Fifa, se montrait très clair : « Les agents doivent exister car ils défendent les intérêts des joueurs. Ce qui me gêne, c'est quand ils défendent également d'autres intérêts, comme ceux des clubs, en prenant des commissions partout (...). Quand un club veut un joueur, il doit passer par un intermédiaire et le payer. Je ne trouve pas ça souhaitable. Moi, je pense qu'il faut que ce soit le joueur qui paie son agent comme il paie son dentiste, son avocat ou son coiffeur (...). L'idéal serait donc que le joueur paie celui qui le représente et que les clubs engagent des salariés capables de s'occuper du recrutement, qui traiteraient avec les agents de joueurs. Je suis contre les intermédiaires mandatés par les clubs. »

La situation de 2002 n'est pas vraiment celle rêvée par l'ancien capitaine de l'équipe de France championne d'Europe 1984. Dans un milieu où la vérité n'est pas du tout bonne à dire, voici le témoignage édifiant d'un agent européen agréé Fifa qui, pour des raisons de sécurité personnelle mais aussi pour pouvoir tout simplement continuer à exercer son activité, préfère garder l'anonymat. Révélons juste qu'il est très actif sur le marché des transferts, qu'il a pignon sur rue dans plusieurs pays d'Europe, et que l'on peut le classer sans prendre trop de risques dans la catégorie des agents honnêtes.

« Dans notre métier, il n'y a pas de règle établie ! commence notre témoin. Chaque agent a un contrat particulier et cela varie beaucoup, d'un club à l'autre, d'un joueur à un autre. En fait, il y a deux sortes de transferts : soit on a le joueur sous contrat, soit on est lié avec un club pour faire venir tel ou tel joueur. Je peux, par exemple, faire signer demain Zinedine Zidane au Paris-Saint-Germain, même s'il n'est pas sous contrat chez moi ! Admettons que je sois mandaté par Paris pour réaliser ce transfert. Si je suis un agent correct, je vais demander à Zinedine Zidane qu'il me mette en contact avec son agent, Alain Migliaccio. Ça, c'est la version " Nous vivons dans un monde parfait ". Mais la plupart du temps, ça ne se passe pas du tout comme ça. L'agent va vouloir traiter l'affaire directement avec Zidane et écarter son agent pour prendre toute la part du gâteau. Dans beaucoup de pays, d'ailleurs, un joueur peut casser le contrat qui le lie à un agent par simple lettre recommandée ! »

La part du gâteau, comment l'agent la mange-t-il ? « Il y a là aussi deux manières de travailler, poursuit notre licencié Fifa. Soit on se met directement d'accord avec le joueur et on peut prendre un pourcentage, entre 5 et 10 %, sur la totalité de ses gains, primes comprises. En fait, tout est négociable. Ou alors, deuxième façon de faire, on négocie avec le club un pourcentage soit sur le transfert, soit sur le montant des salaires du joueur pendant toute la durée de son contrat. En fait, c'est le club qui choisit. Tout est discuté. Personnellement, je travaille sans rien demander aux joueurs, mais directement avec le club. Le joueur est au courant de tout ce que nous négocions. Mais je connais des agents qui font sortir le joueur dans le couloir pour " dealer " certains avantages avec les dirigeants du club, sur le dos du footballeur... »

Pour cet agent, qui a l'habitude de ferrailler depuis des années dans le milieu, les choses ne vont pas aller en s'arrangeant : « Le fait d'avoir une licence Fifa ne garantit pas plus d'honnêteté ! Les examens que l'ont fait passer aux candidats ne sont pas sérieux. C'est complètement bidon. Parmi les agents agréés, il y a beaucoup de voyous, de tordus notoires. J'ai été estomaqué dès mes débuts dans ce milieu par tout ce qui se passe lors des transferts. Prenons un exemple : tel club français cherche un attaquant. Il va mettre au courant plusieurs agents. Ces derniers proposent des joueurs. Deux semaines plus tard, vous voyez débarquer un attaquant, qui n'a pas le profil recherché par l'entraîneur. Mais le directeur général de ce club est très ami avec l'agent de ce joueur qui va être payé beaucoup plus cher que sa valeur. Officiellement, le club va donner une commission à l'agent qui va en reverser une partie sous la table à son copain directeur sportif ! C'est le royaume de la magouille : je te donne 10 millions, tu m'en rends 3 sous la table ! Voilà comment l'argent est dilapidé dans les clubs. C'est détestable. Le payeur ne connaît rien au foot, il est là lui aussi pour se faire de l'argent facile. Parfois, ce sont les entraîneurs qui font les transferts et ils touchent sur chaque joueur qui arrive ou qui sort du club. Je suis ulcéré par ce monde-là. Il y a tellement d'argent qui circule dans le foot que beaucoup se disent : " Pourquoi pas moi ? " Les agents sont appâtés par l'argent. Le foot ? Ils n'en ont rien à faire. S'il n'y a plus de fric dans le football, ils iront ailleurs : dans le basket, dans le show-business... Mais attention, les joueurs ne sont pas des agneaux non plus ! Ce sont des opportunistes. Je ne connais pas plus individualiste qu'un joueur de football. A l'arrivée, le football, c'est une mafia. Ça fonctionne comme tel. Tout le monde s'en met plein les fouilles. Mais je crois que les principaux responsables de ces dérives sont les dirigeants de clubs. Pour eux, il n'y a que l'argent qui compte. Je peux vous assurer qu'il y a des transferts qui sont magouillés à 100 %. »

Les dérives, il y en a effectivement beaucoup et dans tous les pays. En France, l'Olympique de Marseille est en l'espèce un véritable laboratoire à mauvaises pratiques. La saison écoulée, deux hommes, agents légaux, ont fait la pluie et le beau temps dans l'effectif marseillais. L'un d'eux, Jean-Luc Baresi a fini par être rattrapé par la justice et a été mis en examen puis incarcéré dans une affaire de grand banditisme. L'autre, un agent Fifa installé en Suisse, Gilbert Sau, a fini par abandonner son bureau à l'OM après l'arrestation de son associé, pour retourner dare-dare en Suisse. Nouma, Tuzzio, Swierczewski, Chapuis, Bakayoko, Jérôme Leroy... La liste des joueurs marseillais qui ont dû passer par les mains du duo Sau-Baresi pour signer à l'OM ou en partir, est longue, très longue. Les deux hommes avaient fait le vide autour d'eux dans les affaires de transfert concernant l'OM. Etienne Ceccaldi, ancien magistrat et actuel directeur général de l'OM, a décidé mi-mars 2002 de faire le ménage dans l'effectif olympien. Il a fait appel à l'agent Serge Scalet pour vendre pas moins de vingt joueurs. Très vite, ce dernier a été plongé dans l'« ambiance » marseillaise comme il le révélait à *L'Equipe* le 29 mars dernier : « De source fiable, je sais qu'on menace et qu'on exerce des pressions sur les joueurs. L'un d'entre eux s'est fait bloquer dans un parking, au siège du club. On lui a dit que sa carrière allait s'arrêter ou qu'on allait lui casser les deux jambes s'il ne cédait pas. C'est choquant, inadmissible. Il est temps que tout cela cesse et que Marseille redevienne un grand club. Pour l'instant, c'est impossible de travailler normalement. »

Partout en Europe, et pas seulement à Marseille, donc, s'élèvent les voix dénonçant ce monde opaque où toutes les compromissions sont permises. En mars dernier, en Italie, l'entraîneur de l'AS Roma, Fabio Capello, a sorti la kalachnikov, dans le quotidien sportif *Il Corriere dello sport*, contre la nouvelle mode minant les clubs de la péninsule : les collusions familiales. Capello, un des maîtres du football moderne convoité par le FC Barcelone qui est prêt à aligner les millions d'euros pour l'embaucher, champion d'Italie avec le Milan AC ou la Roma, d'Espagne avec le Real Madrid, a appelé les autorités du football italien à prendre des mesures contre les membres des familles de responsables de club qui exercent le métier d'agent. A l'origine de son courroux : l'affaire Nesta. Le bel Alessandro, leader de l'équipe nationale d'Italie et de la Lazio Rome, est convoité par la Juventus Turin qui rêve de l'associer en défense centrale à Lilian Thuram. Or les affaires de Nesta sont gérées par l'agence Gea World, dont le président est Alessandro Moggi... le fils de Luciano Moggi, manager général de la Juventus ! « Ce n'est pas du professionnalisme », se plaint Capello. Gea World est le fruit de la fusion entre la société de Moggi, Football Management, et un groupe impliquant Andrea Cragnotti, fils du président de la Lazio Sergio Cragnotti, comme Francesca Tanzi, la fille du propriétaire de Parme, le puissant Calisto Tanzi ! L'agence, selon le *Corriere dello Sport*, a sous sa coupe, outre Alessandro Nesta, de très nombreux joueurs de l'élite italienne tels Marco Di Vaio ou Fabio Cannavaro (Parme), Alessio Tacchinardi (Juventus), Marco Materazzi (Inter), mais aussi plusieurs entraîneurs de série A. « Gea World commence à travailler presque en situation de monopole. Elle contrôle près de cent joueurs, ainsi que six entraîneurs. C'est clairement un conflit d'intérêts », remarque avec lucidité Capello. Vous avez dit « mafia » ?

Que dire, enfin, d'une pratique pour le moins ahurissante dont le bénéficiaire le plus célèbre est la star brésilienne du FC Barcelone, Rivaldo ? Le génial numéro 10 du Barça ne se contente pas d'illuminer les nuits du Camp Nou, le grand stade de la capitale catalane, ou de régaler les amoureux de la sélection brésilienne : il est lui-même agent de joueurs. Mieux, il a sous sa coupe deux jeunes compatriotes, Marcelino et Triguinho, qu'il a fait venir... au FC Barcelone. On imagine le scénario : Rivaldo exige de son entraîneur et de ses dirigeants qu'ils fassent jouer à ses côtés ses protégés, afin qu'ils prennent de la valeur, histoire de tirer profit de leur éventuelle revente. Quitte à refuser de jouer lui-même en cas de niet de ses patrons. Science-fiction ? La triste évolution du football en général, et des mœurs des agents en particulier, empêche, hélas, de l'affirmer.

18

Le chemin de croix
d'un champion du monde

« Champion du monde. Oui, j'ai eu la chance d'être doublement champion du monde. Sur le terrain, j'ai été titularisé quelques fois. Surtout, j'ai vécu un immense bonheur en tant que supporter de premier rang. Les images de la finale restent à jamais gravées en moi. Je revois les immenses tribunes colorées, la victoire contre les Brésiliens, le tour d'honneur avec Aimé Jacquet porté en triomphe par Bixente Lizarazu et Lilian Thuram. Le rêve de toute une vie m'a ensuite propulsé dans un cauchemar de quatre ans. »

Dans le quartier des docks rénovés de Liverpool, un grand restaurant italien vide, aux murs froids et blancs. En ce dimanche paisible et froid, Bernard Diomède traîne son spleen. La veille, à Anfield Road, lors du 166e derby de la Mersey, Liverpool a perdu deux nouveaux points importants face à Everton. Une nouvelle fois, l'Antillais ne figurait même pas sur la feuille de match. Meurtri, il refuse d'abdiquer. Chaque matin, il se rend au camp d'entraînement pour essayer de conquérir une impossible place de titulaire. Au sein de l'équipe réserve, il parcourt dans un bus d'écolier les routes anglaises pour disputer des rencontres de chiffonniers. Rien n'y fait. Depuis quatre ans, il erre, cogite, se remet en question. Après la Coupe du monde, il s'est sans cesse trompé de chemin. Ou plutôt certains dirigeants célèbres et agents intéressés se sont amusés à le désorienter afin de toucher le pactole. Un champion du monde, ça se monnaie.

« Depuis le 12 juillet 1998, je n'ai jamais été convoqué en équipe de France, je n'ai jamais plus discuté avec Roger Lemerre. Peut-être une seule fois, cinq minutes à la mi-temps de la finale de la Super Coupe d'Europe à Monaco entre Liverpool et le Bayern Munich. Je ne lui en veux pas. Il ne peut pas passer son temps à téléphoner à tout le monde pour se justifier. J'ai été sélectionné en A' pour une rencontre en Belgique au début de la saison 1998-1999. Pour moi, c'était une bouffée d'oxygène car je connaissais de gros problèmes relationnels avec Auxerre et Guy Roux. Je souhaitais être transféré et il refusait avec obstination. Juste après la descente triomphale des Champs-Elysées, je me suis envolé pour l'île Maurice pendant trois semaines. J'ai coupé totalement avec la France. J'ai manqué toutes les festivités. Je n'ai pas ouvert une seule lettre. Et mon courrier s'empilait dans le plus grand désordre. Première erreur grave, je suis passé à côté d'une certaine notoriété, toujours utile au moment de négocier mon départ qui me semblait acquis...

« A mon retour à l'entraînement à l'Abbé-Deschamps en août 1998, Guy Roux me convoque et m'apprend qu'il me confie le brassard de capitaine. Il souhaite que je sois le leader de la nouvelle génération. Il me flatte mais mon ambition personnelle se trouve radicalement aux antipodes. A vingt-quatre ans, je souhaite quitter l'AJA car je dois encore progresser. J'ai tellement appris en évoluant aux côtés de joueurs comme Laurent Blanc et Corentin Martins ! C'est clair je veux partir. J'ai une offre concrète du FC Valence, un des meilleurs clubs de la Liga espagnole. Alain Migliaccio, mon agent, me prévient : " Si ton coach dit non, n'insiste pas... "

« Excellent vendeur, Guy Roux a déjà réussi deux bons coups sur le marché des transferts en envoyant Stéphane Guivarc'h à Newcastle et Lionel Charbonnier aux Glasgow Rangers, poursuit Diomède. Il n'a plus besoin d'argent. Il préfère attendre encore une saison pour ajouter de la valeur marchande à son dernier champion du monde. Son discours est sans ambiguïté. Je me souviens encore des mots : " Tu ne me prends pas la tête, tout le monde part mais toi tu restes ici, bloqué. Tu as disputé la Coupe du Monde grâce à moi. Alors, tu dois me rendre la pareille. " La partie s'annonce mal engagée. Rolland Courbis, par le biais de l'agent Jean-François Larios, me fait savoir qu'il désire m'engager à Marseille. Ce club correspond à mon challenge. Courbis entend faire baisser mon prix : 50 MF. Les affaires traînent, le marché des transferts prend fin. Je suis obligé d'entamer la saison avec Auxerre. L'OM me promet de m'engager au mercato d'hiver. Je débute la saison sur un rythme d'enfer en claquant deux buts face à Nancy. Auxerre effectue un super début de championnat. En décembre, Guy Roux me convoque et me dit : " Bernard, reste avec nous jusqu'en juin. Nous avons de beaux objectifs à atteindre ensemble. " Méfiant, je lui demande en échange de me signer un document et une promesse de départ assuré. Il le fait. Cette fois, je suis soulagé. Je vois le bout du tunnel. Je m'engage à fond. Trop. Je me blesse aux tendons. En même temps, Steve Marlet connaît des problèmes physiques. Trop jeune, l'équipe plonge. Avec mon statut de champion du monde et capitaine, je suis vite désigné comme le premier responsable. »

Bernard Diomède ne le sait pas encore, mais il n'est pas au bout de ses peines. « La fin de saison arrive tant bien que mal, continue-t-il. Monaco me contacte. Je veux vite signer mon contrat. Je descends en Principauté pour effectuer la traditionnelle visite médicale. Tout est OK. Au moment de signer le document, un incident survient sur le montant de mon transfert. Les prix s'envolent bizarrement : 60, 70 MF ? Avec le recul, je comprends mieux la stratégie de Guy Roux. Il profite de Monaco pour faire monter les enchères en coulisses. Ça tombe bien : Arsenal et Arsène Wenger se positionnent ainsi que le PSG. Plus ça discute, plus mon transfert se complique et devient hypothétique. Guy Roux veut le pactole ou rien. Je vais lui demander des comptes et je lui brandis sa promesse signée.

« Furieux, je balance ma colère dans les colonnes des journaux pour dénoncer les méthodes employées. Je refuse aussi de signer ma licence pour la saison 1999-2000. J'arrive en retard aux entraînements. Mon action dure trois mois. Deux problèmes : je ne suis plus payé pendant deux mois. Plus malin, en toute discrétion, Guy Roux me savonne la planche dans le milieu en expliquant mon attitude à sa manière. A bout de nerfs, j'avoue ma défaite, je resigne à l'AJA pour éviter la voie sans issue. Cette fois, je prends un avocat pour fixer une clause de départ à 39 MF... Une nouvelle galère se profile. Les résultats ne sont pas bons, le club flirte avec la D2. J'assume mes responsabilités. Après chaque défaite à domicile, je monte au club Europe pour signer les autographes et expliquer le pourquoi de nos déroutes. La mort dans l'âme, je fais le métier. Jean-Claude Hamel, le président de l'AJA, connaît, lui, le fond du problème et sent mon désarroi : " Bernard, je suis fier de toi. Tu es comme mon fils... "

« Pendant ces mois, j'ai souffert. Dans le milieu, les échos me reviennent. Diomède a chopé la grosse tête, Diomède ne pense qu'au fric. Je ne suis pas un mec insensible. Je viens d'un milieu modeste. Mon père m'a inculqué des valeurs d'honnêteté. Maçon, il a souffert pour faire vivre sa famille. A ses yeux, j'ai toujours été respectueux. Son regard m'évite une grave dérive. Autour de moi, à travers les médias ou les ragots, on me salit. Je n'arrive pas à lutter. A chaque fois qu'un recruteur demande à Guy Roux, il répond avec la mine déconfite : " Oh ! Diomède, vous savez... "

« A mes problèmes de dos s'ajoutent mes états d'âme. J'attends le mercato de décembre 1999. Rien n'arrive. A la fin de la saison, c'est déjà l'Euro 2000 en Belgique. Je refuse la fatalité et je me bats pour rebondir. En janvier, je reviens bien en forme. Une offre de Newcastle arrive sur le bureau de Guy Roux. Je prends des renseignements parmi les internationaux. J'hésite. J'ai, semble-t-il, une chance de réintégrer les Bleus lors du prochain rendez-vous. On me conseille de rester sous les yeux du sélectionneur en France. Je reçois un coup de téléphone. C'est Bernard Lama : " Le PSG te veut. On t'attend. Jean-Luc Lamarche, le directeur sportif, va prendre contact avec toi dans les prochaines heures... "

« Super, voilà enfin la solution. Je rencontre les dirigeants parisiens qui m'offrent le même contrat qu'à Auxerre. Je leur demande en échange la même clause de départ en juin. C'est normal. Ils hésitent et se demandent si je suis vraiment motivé pour venir à Paris. Moi, je ne veux plus être prisonnier d'un contrat. Ils n'ont pas vécu mon cauchemar des derniers mois. On palabre, on perd du temps. Trop tard, le mercato referme ses portes sur mes illusions. »

« " Tu viendras en juin chez nous " promet Jean-Luc Lamarche. Je plonge dans un abîme de déprime. Au fil des semaines, l'AJA navigue dans le fond du classement. Guy Roux m'en veut, me casse le moral et me culpabilise : " Tu n'as pas honte. Regarde ton bulletin de paie et compare-le à celui de ton père maçon. Tu comprendras. T'as pas le niveau d'un champion du monde. "

« Le fossé s'agrandit chaque jour. Guy Roux a tout faux : il utilise les sentiments pour me flinguer. Je lui en veux profondément. Et puis, je ne vis pas avec le souvenir du Mondial 1998. J'ai simplement peur de ne jamais partir. Personne ne peut plus me raisonner. J'ai envie d'arrêter ma carrière. Pourquoi Guy Roux s'acharne-t-il sur mon sort ? Un jour, il me convoque dans son bureau et tout s'éclaire : " Je suis comme un père déçu avec toi, Bernard. Je te considère comme mon fils. Je n'ai pas envie de faire de l'argent sur ton transfert. Nous ne devons jamais mettre des agents entre nous deux. Moi, je suis prêt à m'occuper de toi tout le long de ta carrière. Je vais t'aider dans ta progression, te faire exploser au plus haut niveau. Bernard, je t'aime comme mon fils, tu sais. " Je comprends ce qu'il veut dire mais une seule question m'obsède : vais-je partir un jour ? Je le veux à n'importe quel prix ! L'Euro 2000 est mort pour moi. J'ai déjà perdu deux ans de carrière. En juin 2000, Paris décide de se retirer de la course. Jean-Luc Lamarche s'excuse : " Tu comprends, nous allons prendre Nicolas Anelka... Nous avons d'autres priorités. "

« Une piste s'évapore. Alors, Liverpool prend contact avec Guy Roux. Pour une fois, un entraîneur a décidé de se faire une opinion sur moi en évitant de passer par mon entraîneur. Gérard Houllier a demandé l'avis d'Aimé Jacquet. J'apprends que mon ancien sélectionneur a eu des mots sympas à mon égard. Avoir le respect d'un tel homme, deux ans après mes galères, me redonne la pêche. Je décide donc de rejoindre Liverpool, un club mythique. Je signe un contrat de trois ans. Je prends deux mois de vacances pour me nettoyer la tête dès que j'ai signé. Finalement, Liverpool verse 30 MF à l'AJA. Ma clause libératoire était de 39 MF. Neuf millions se sont envolés. Je m'en fous. Je suis enfin libre de jouer au football. Je pars en cure à Merano en Italie pour être au top de ma forme à la reprise de l'entraînement.

« Lors des premières séances, je suis saisi par la rapidité du jeu : tout va à 2000 à l'heure, les ballons passent au-dessus de ma tête comme des avions. Je m'accroche et je prends vite goût à ce jeu direct. Je m'engage à fond et je réussis une superbe performance face aux Irlandais de Glentoran. Malheureusement, sur une action, je me blesse à un genou. Le ménisque est touché. Je rentre en France pour consulter le docteur Paclet. Il me pose une languette mais je suis toujours gêné dans mes courses. De retour à Liverpool, je ne dis rien à mes entraîneurs car j'ai un gros appétit de compétition. J'enchaîne un bon match contre Sunderland, les supporters chantent mon nom. Je compense mais je ne peux pas accélérer lors du match suivant en Coupe d'Europe. L'opération est inévitable. Je suis indisponible jusqu'en janvier 2001...

« Dès mon retour, je brille en équipe réserve et je marque un but contre Leeds. Je retrouve le groupe mais l'équipe tourne bien. Sur tous les tableaux, elle gagne match après match. Autre difficulté, tous les internationaux français le savent, un étranger doit être meilleur qu'un Anglais pour entrer dans le Onze de départ. A niveau égal, l'Anglais jouera toujours. Et peu importe si vous êtes champion du monde. C'est la règle du jeu. Sur le banc de touche ou dans les tribunes, j'assiste aux victoires des Reds. Au fil des jours, je perds mes repères et ma confiance. Dans ce type de situation, je n'ai pas le droit à l'erreur. Dès que j'aurai ma chance, il me faudra la saisir. Liverpool se qualifie pour toutes les finales sans moi : Coupe UEFA, Cup, Coupe de la Ligue... Mon avenir s'obscurcit. Fulham flaire le bon coup et demande à Liverpool de me prêter jusqu'à la fin de la saison. Jean Tigana souhaite même y ajouter une option d'achat pour 2001-2002. Moi, j'ai besoin de jouer. Gérard Houllier en convient mais ajoute : " Je crois en toi. Tu as le potentiel pour devenir notre Robert Pires. Je te donnerai ta chance. Sois patient, ton tour viendra. "

« J'assiste donc à tous les succès de Liverpool. Je suis fou de joie pour le club mais je ne peux être heureux de mon sort. En finale de la Cup face à Arsenal comme en finale de la Coupe UEFA face à Alaves, je suis 17e homme. Je garde le moral. Aux entraînements, je ne suis pas inférieur aux autres. A la fin de la saison, un banquet est organisé avec tous les joueurs et épouses pour fêter l'incroyable saison réussie par le club. Nous nous sommes également qualifiés pour la Ligue des champions. Après le dessert et le cigare, Gérard Houllier me prend à part et me glisse quelques mots réconfortants : " Je compte sur toi pour l'année prochaine. A toi d'être bon. "

« Moi, je sens bien qu'il sera difficile d'exister dans

cette formation qui gagne tout. La concurrence est forte et ma carrière est courte. Je demande à Gérard de me tenir au courant en cas d'offres me concernant. Je prends un nouvel agent : Pape Diouf. Monaco pose les premiers jalons puis se retire sans rien m'expliquer. Lens s'engage avant d'interrompre sa démarche. Je téléphone à Jimmy Traoré, un ancien coéquipier de Liverpool. A ma grande stupeur, il me répond : " Il paraît que tu as un problème grave à un genou... " « Infondée, la rumeur court en France. Je ne peux lutter contre elle. Finalement, Luis Fernandez arrive à convaincre Gérard Houllier de me prêter une saison. Nous sommes le 31 août 2001, le dernier jour des transferts en France. Pape Diouf me téléphone et me dit : " Prends un avion et attends-moi à l'hôtel. Nous peaufinons les derniers détails de ton contrat. Dès que tout est clair, tu arrives et tu signes. Je fonce à Paris et j'attends avec une folle impatience que mon téléphone portable sonne. J'attends toujours... En fait, PSG voulait vendre Sylvain Distin (35 MF) à Liverpool mais aussi obtenir mon prêt dans une transaction tordue. Gérard Houllier voulait dissocier les deux affaires. Du coup, je me retrouve le dindon de la farce et je reprends l'avion pour le nord de l'Angleterre. Un échange est aussi envisagé avec Olivier Quint de Sedan ? Je tombe des nues ! A Sedan ? Gérard Houllier me jure qu'il n'a jamais envisagé cette hypothèse...

« Tant bien que mal, j'entame ma deuxième saison à Liverpool en recevant une grosse béquille à la cuisse lors d'un tournoi préparatoire aux Pays-Bas. Je dois une nouvelle fois me reposer et repartir de zéro. Heureusement, cette fois, je reviens vite en forme. Je suis même titularisé lors d'un match en Coupe d'Europe face à l'AEK Athènes. Je suis impliqué sur trois de nos quatre buts. Ian Rush, l'ancien avant-centre vedette des Reds, tient une chronique importante dans la presse locale. Il s'enflamme et incite mes entraîneurs à me titulariser le plus souvent possible. Je reçois beaucoup de courrier de soutien. Pour la première fois en trois ans, je vois le bout du tunnel et je me sens intégré. Malheureusement, Gérard Houllier va connaître de graves problèmes de santé. Hospitalisé, il laisse les commandes de l'équipe à Phil Thompson, son adjoint. Tout de suite, je sais que je dois mettre les bouchées doubles aux entraînements. Il me sera difficile de le convaincre. Je me retrouve en équipe réserve mais j'accepte sans broncher. Je réalise de bons matchs. Jacques Crevoisier, l'adjoint français de Gérard Houllier, m'encourage et m'incite à tenir bon. Pour lui, je vais forcément être titulaire très vite. Les supporters des Reds viennent souvent aux matchs de la réserve. Ils voient mes efforts et ne comprennent pas mes absences. Un jour, en déplacement à Chelsea, je suis sur le banc des remplaçants. Nous ne parvenons pas à marquer. Un de me coéquipiers se blesse côté gauche. Tous les facteurs sont réunis pour me donner ma chance. Malheureusement, le coach préfère changer toute sa tactique. A la fin du match, dans, les vestiaires, je suis effondré. Je pense partir au mercato de décembre.

« Elie Baup, l'entraîneur de Bordeaux, téléphone à des amis pour mesurer mes ambitions. En France, je le sais, on estime que je suis mort. Je n'ai jamais su exploiter les journaux pour me vendre. Ma réputation est faite, Elie Baup choisit Camel Meriem, l'espoir de Sochaux, pour 60 MF (9,15 M€). Je suis prêt à tout pour rejouer. Une offre arrive de Guingamp qui lutte pour éviter la D2. Je l'étudie. Sans suite. Je resterai à Liverpool jusqu'en juin 2002. La prochaine Coupe du monde, je la regarderai devant ma télé, chez moi.

« Toutes ces épreuves m'ont forgé un caractère. J'ai changé ma façon de penser. Dans ce milieu, il faut être tordu pour exister. Mes principes ne m'ont jamais aidé à m'en sortir. Nicolas Anelka n'hésite pas à utiliser l'épreuve de force pour maîtriser sa carrière. Il a raison. Oui, je me suis posé la question : ce titre de champion du monde m'a-t-il desservi ? Mais on ne vit pas avec des regrets. J'ai vingt-huit ans, la roue finira bien par tourner un jour. »

19

Arbitres : le salaire de la pression

Le vol est pour une fois à l'heure. M. Black et ses assesseurs vont pouvoir décompresser. Les dirigeants de M. leur ont donné rendez-vous dans le hall de l'aéroport, près des loueurs de voitures. Impossible de les rater : leurs pardessus noirs et leurs costumes gris ornés du blason du club tranchent au milieu de la foule. L'accueil est cordial, embelli par la bonne humeur de Sylvia, l'interprète, en tailleur strict mais au sourire d'ange. Arbitrer une rencontre de Coupe d'Europe est un privilège, entouré d'un cérémonial qui n'existe pas dans un championnat national. La limousine qui attend le trio désigné par l'UEFA pour diriger le match de demain en fait partie. A l'hôtel H., M. Black et ses acolytes n'ont pas à s'occuper de la clé de leur chambre. Sylvia a tout prévu. Rendez-vous est pris pour le déjeuner, à l'une des bonnes tables de la ville.

La veille d'un match, et avant d'aller sacrifier à quelques minutes de jogging dans le parc jouxtant l'hôtel, rien de tel que la découverte de la gastronomie locale. La viande est excellente, le vin parfait, les desserts magnifiques. Mais Mister Black et ses complices ne sont pas au bout de leurs heureuses surprises. La note du restaurant a été réglée par le vice-président de M., passé tout à l'heure en coup de vent rendre une visite de courtoisie. Au retour à l'hôtel, c'est le chavirement : sur le lit, un petit paquet cadeau. Dans un écrin sobre mais élégant, marqué des initiales du meilleur joaillier de la ville, une superbe Rolex pour Mister Black, deux montres en or de moindre valeur pour ses assistants. La soirée sera plus coquine. Au bar de l'hôtel, lovées dans des canapés en cuir blanc, trois jeunes femmes aux jupes courtes et aux idées larges attendent nos invités de marque, au sortir de leur léger dîner...

Ce scénario-fiction n'est, hélas, pas le fruit d'une imagination trop débordante. Les anecdotes de cadeaux aux directeurs de jeu de la part de dirigeants de clubs sans scrupules foisonnent sous le manteau, ponctuent les repas d'après-match entre « gens du football », courent les rédactions. Bref, ces pratiques plus ou moins spectaculaires font partie de la « légende de la Coupe d'Europe ». Certains éminents acteurs en ont même fait part publiquement. L'ancien président des Girondins de Bordeaux, Claude Bez, décédé le 26 janvier 1999 des suites d'un infarctus, n'était pas avare en révélations sulfureuses. En 1990, n'avouait-il pas : « La Coupe d'Europe, c'est une fête. Par tradition, il faut accueillir les gens correctement. Mettre des voitures à leur disposition, offrir des repas et des cadeaux. » Avant un match de Coupe d'Europe important contre le PSV Eindhoven, en mars 1988, Claude Bez est même allé plus loin : il a offert trois prostituées aux arbitres. Les jeunes femmes avaient été recrutées à Paris par un intermédiaire yougoslave, avec lequel le président bordelais avait l'habitude de traiter. « En Coupe d'Europe, cela nous est déjà arrivé cinq ou six fois d'agir de la sorte, reconnaîtra deux ans plus tard Claude Bez. Mais on ne peut pas dire pour autant que les arbitres étaient achetés. » Acculé par les affaires, emprisonné à deux reprises (deux mois en 1992, trois mois en 1997), ce patron surpuissant d'un grand cabinet d'expertise de Bordeaux, entré comme trésorier aux Girondins en 1974, est mort à cinquante-huit ans en emportant nombre de secrets croquignolesques, selon les uns, scandaleux pour les autres.

Le propos n'est pas ici de salir la réputation des

arbitres et de leurs assesseurs. Que certains aient eu la faiblesse de succomber à la tentation de cadeaux plus ou moins onéreux, d'accepter quelques enveloppes, de s'enivrer aux bras de professionnelles rémunérées par des dirigeants sans morale, est vrai. Mais leurs cas, parfois sanctionnés, souvent épargnés faute de preuves, sont largement minoritaires.

Michel Vautrot, pendant des années meilleur arbitre français et actuel directeur technique national de l'arbitrage, a coutume de le dire : « Je ne crois pas et je n'ai aucune raison de croire qu'il y ait des arbitres achetés. En France, en tout cas, il n'y en a pas. En Europe, on a tous entendu dire ceci ou cela, mais malgré l'argent en jeu, je crois sincèrement en l'honnêteté des arbitres. Je n'éprouve aucun sentiment de suspicion. »

Entre fantasmes et faits troublants, prenons deux exemples précis qui montrent combien la probité des arbitres est parfois (très) discutée. Le 18 avril 1990, stade de la Luz à Lisbonne. Benfica, le club le plus populaire du Portugal, élimine l'Olympique de Marseille en demi-finale de la Coupe des champions grâce à un but marqué de la main par son attaquant Vata. Fou de rage, Bernard Tapie, le président de l'OM, crie au complot : « Les dirigeants de Benfica ont su durant quelques jours mettre en condition les arbitres et les délégués. Je ne dis pas qu'ils nous ont volés, mais je dis qu'ils ont placé ces gens-là dans de telles dispositions psychologiques que lorsque il s'est agi de prendre une décision importante, eh bien elle a été tout à coup favorable à nos adversaires ! » Et Bernard Tapie de jurer qu'on ne l'y reprendrait pas, qu'il avait « tout compris pour gagner, un jour, une Coupe d'Europe ». En 1991, Marseille échouera aux tirs-au-but en finale, à Bari, contre l'Etoile Rouge de Belgrade. Mais en 1993, Basile Boli donnera le titre au club olympien face au Milan AC (1-0), à Munich...

A l'époque, la « main de Vata » avait valu à l'arbitre belge, Marcel Van Langenhove, injures et opprobre. Le comité de gestion de l'OM avait demandé l'ouverture d'une enquête et... Michel Rocard, alors Premier ministre de François Mitterrand, s'était même fendu d'une lettre adressée à Bernard Tapie, dans laquelle il écrivait : « Je ne peux manquer de m'interroger sur les conditions de (votre) élimination (...). Le profane que je suis se demande pourquoi on n'a pas encore institué pour des compétitions de cette importance des juges-arbitres qui, suivant le match sur le bord du terrain et avec un écran de contrôle, auraient le pouvoir de rectifier instantanément une erreur manifeste qui devient, sinon, une injustice aussi impardonnable qu'incompréhensible. Le gouvernement est sans pouvoir dans ce domaine. Peut-être n'est-il pas sans influence et je suis à la disposition du monde sportif pour l'exercer si besoin est. »

Ou comment un simple match de football devient une affaire d'Etat ! Pas étonnant que, dans ces conditions, Marcel Van Langenhove ait terminé sa carrière d'arbitre dans la suspicion générale.

L'arbitre international suisse Kurt Roethlisberger l'a finie, lui, sur une suspension à vie. Tout commence le 2 juillet 1994 lors du Mondial américain. Chargé d'arbitrer le huitième de finale entre la Belgique et l'Allemagne, il omet de siffler un pénalty flagrant pour les Belges à vingt minutes de la fin du match. L'Allemagne se qualifie 3-2, mais les patrons du football mondial sont obligés de monter au créneau. Joao Havelange, le président de la Fifa, et son adjoint Sepp Blatter (qui l'a remplacé depuis) l'écartent sans ménagement du reste de la compétition. « L'arbitrage de ce match n'était pas au niveau requis », persifle Blatter. Paolo Casarin, responsable des arbitres à l'époque, est obligé de reconnaître : « Il a fait une erreur flagrante. Nous ne pouvions le garder pour la suite. A ce stade, on ne pouvait lui accorder une seconde chance. » Erreur d'arbitrage ? La suite de la carrière de Kurt Roethlisberger a de quoi raviver la rancœur des supporters et joueurs belges. En novembre 1995, il est suspendu trois mois pour avoir mis en évidence son appartenance au corps arbitral de la Fifa lors de sa campagne pour être élu parlementaire. Cela ne l'empêche pas de diriger trois rencontres de l'Euro en juin 1996 en Angleterre et de mettre un terme à sa carrière après vingt-sept ans de « loyaux » services et plus de 1 075 matchs arbitrés. Mais le 27 mars 1997, il est radié à vie par l'UEFA pour une tentative de corruption. Le 30 octobre 1996, en effet, l'arbitre biélorusse Vadim Zhuk dirige le match Grasshopper Zurich-Auxerre, en phase préliminaire de la Ligue des champions. Il siffle un pénalty qui permet aux Suisses de mener 2-0. Or, après enquête, l'UEFA retrouve la trace de Kurt Roethlisberger et précise : « Il a contacté le manager de Grasshopper, M. Erich Vogel, deux semaines avant le match. Roethlisberger a demandé au dirigeant suisse si Grasshopper serait intéressé pour que l'arbitre, qui était un de ses amis du Belarus (Vadim Zhuk), ne prenne pas de décisions défavorables à l'encontre du club suisse, moyennant une compensation financière d'un montant de 100 000 francs suisses (425 000 francs français à l'époque), qui lui aurait naturellement été due. »

Les instances du football européen ont petit à petit pris une série de mesures afin d'éviter les « incidents » d'arbitrage. Chaque arbitre international se balade ainsi avec un carnet de recommandations, intitulé « Le compagnon de l'arbitre », qui l'invite, notamment, à « refuser de façon polie mais ferme toute marque d'hospitalité excessive et trop généreuse » de la part des dirigeants de clubs. Surtout, depuis la saison 1998-1999, l'UEFA ne désigne les arbitres que deux jours avant le match, au lieu de quinze auparavant, afin de les protéger de toute tentative de corruption.

En plus du prestige que procure la direction de matchs au sommet en Coupe d'Europe, les arbitres y trouvent-ils leur compte financièrement ? Pas vraiment. L'UEFA attribue une prime de 1 050 francs (160 euros) par jour, plus 6 000 francs (915 euros) par match de Ligue des champions. Sachant qu'une rencontre européenne mobilise un sifflet sur trois jours, le calcul est simple : quand le Français égocentrique Gilles Veissière ou l'Italien chauve Pierluigi Collina arbitrent un Bayern Munich-Real Madrid, par exemple, en Ligue des champions, ils n'empochent même pas 10 000 francs (1 524 euros)...

Dans un monde où l'argent coule à flots, l'arbitre fait donc toujours figure de parent pauvre. Michel Vautrot, dans une interview succulente accordée au quotidien *Libération* (22 mai 1999), n'est pas dupe : « Le pognon et les sponsors ne sont pas des losers, ils viennent pour gagner et surtout gagner de l'argent. Voilà le vrai problème de fond, sans jeu de mot. D'un côté, on parle jeu, hasard, caprice d'un ballon, d'un être humain. De l'autre, des hommes d'affaires froids parlent gains. Les arbitres sont au football ce qu'étaient autrefois les filles de joie à l'armée : on devrait être déclarés d'utilité publique. »

Depuis, le problème n'a cessé de prendre de l'ampleur. Les sommes investies dans le football par les télés, les mécènes et autres capitaines d'industrie, accroissent la tension autour du directeur de jeu. Certes, les primes attribuées et payées par la Ligue nationale de football ont été réévaluées en l'an 2000. Un arbitre de division 1, en France, est payé 15 000 francs (2 286 euros) par match de championnat, au lieu de 9 600 francs (1 463 euros). Ses deux assistants perçoivent chacun la moitié de cette somme. De quoi arrondir les fins de mois, sachant qu'un arbitre de ce niveau dirige environ une quinzaine de rencontres dans la saison, plus trois ou quatre matchs en Coupe de France et Coupe de la Ligue, et autant en division 2 (à ce stade, il perçoit 7 500 francs, 1 143 euros). Mais ces émoluments sont ridicules comparativement aux salaires des acteurs qu'ils sont chargés d'arbitrer !

Les hommes en noir ne vivent pas tous de la même manière cette disparité. Si Stéphane Bré, un des meilleurs arbitres français, ne peut s'empêcher, par exemple, de remarquer qu'il y a un souci à voir « un type qui gagne 900 000 balles par mois dirigé par un employé des Postes, un inspecteur de police ou un informaticien », son collègue Philippe Kalt, international, déplace le débat. « Je n'ai jamais de souci sur le terrain avec les joueurs à cause de l'argent, remarque-t-il. Je n'ai jamais remarqué de dédain de leur part, parce qu'ils gagnent beaucoup plus que nous. En revanche, c'est beaucoup plus vrai concernant les dirigeants. Aujourd'hui, en division 1, ce ne sont plus des clubs mais des entreprises. Certains comportements, certains dérapages verbaux, dépassent allégrement la ligne jaune ! Les insinuations des dirigeants sont de plus en plus pesantes. Plus il y a d'argent en jeu, plus les présidents attendent des retours d'investissement et nous sommes souvent leur cible en cas de problème d'arbitrage, d'erreur toujours possible. Un jour ou l'autre, si on se fait traiter de malhonnêtes sans arrêt, on finira par dire stop ! Trop c'est trop. »

Les arbitres sont certes protégés par leurs propres instances, comme l'Unaf (Union nationale des arbitres français) dirigée par Bernard Saules, mais ils se heurtent à la puissance des dirigeants des grands clubs. L'exemple de Jean-Michel Aulas, président de l'Olympique Lyonnais et vice-président de la Ligue nationale (!), accusant en février dernier les arbitres de favoriser le Paris Saint-Germain, quelques jours avant un décisif Lyon-PSG (3-0) à Gerland, atteste du sentiment d'impunité qui habite les patrons du football français. « C'est d'autant plus injuste qu'ils oublient que nous sommes notés à chaque rencontre et qu'à la fin de la saison, nous sommes classés, poursuit Philippe Kalt. Si on fait de mauvaises prestations, on risque une rétrogradation en division 2 ou pire. Dire que les arbitres font exprès de faire une faute de jugement, c'est le genre de fléau qu'il nous faut combattre sans cesse. »

L'erreur est d'autant plus humaine que l'usage de la vidéo (objet d'un débat sans fin depuis des années) pendant les matchs n'est pas encore autorisé. L'arbitre central n'a que ses deux assesseurs et très peu de temps pour siffler ou non une faute. Un pénalty oublié, une main vicieuse utilisée pour détourner le ballon à son insu, un hors-jeu mal jugé et c'est le résultat d'un match qui change. Ce sont surtout des millions d'euros qui peuvent s'envoler pour tel président, des primes substantielles disparues pour les joueurs vaincus. La pression de l'argent rend l'arbitre terriblement vulnérable. Il doit dès lors consacrer de plus en plus de temps au football, parallèlement à son activité professionnelle, afin d'être en pleine forme au moment de diriger une rencontre. Aujourd'hui, un arbitre de division 1 doit s'entraîner quatre fois par semaine, sacrifier deux jours entiers pour aller diriger une rencontre. Bref, il se rapproche à grands pas d'une professionnalisation qui, en France, n'existe pas, contrairement à certains pays voisins.

En Angleterre, par exemple, la FA (Football Association) a fondé en juin 2001 une société privée, la Refco, chargée de payer les arbitres. On est loin des modestes rétributions à la française : le salaire annuel de base d'un *referee* anglais est de 350 000 francs (53 357 euros). Il peut être doublé pour les directeurs de jeu souvent sur la brèche. Outre le salaire, l'arbitre perçoit 10 000 francs (1524 euros) par match. En contrepartie, il sera noté sans concession et a tout intérêt à être bien classé à la fin de la saison. En Italie, les arbitres touchent de 60 000 à 90 000 francs (9 146 à 13 720 euros) mensuels. En Espagne, ils peuvent compter sur un revenu par mois de 50 000 à 65 000 francs (7 à 10 000 euros).

Ce basculement dans une vraie logique professionnelle titille les arbitres français. Certains d'entre eux se considèrent d'ailleurs comme des pros, à l'image de Claude Colombo : « Cela fait un moment que nous ne sommes plus des amateurs. Mais nous avons besoin d'un statut car notre situation fiscale, sociale et juridique, est bâtarde. » « Nous sommes pros dans l'âme », enchaîne, en écho, Eric Poulat. Pascal Garibian, figure actuelle de l'arbitrage français, estime lui aussi que la tendance prise est la bonne : « La revalorisation de nos primes est légitime dans la mesure où nos responsabilités sont accrues et, aussi, en vertu des sommes d'argent qui circulent dans le football. Je pense que les joueurs, du coup, nous respectent un peu plus. » Mais tous les arbitres ne désirent pas faire du football leur unique univers. C'est le cas de l'Alsacien Philippe Kalt. Il travaille à Colmar dans un cabinet de gestion du patrimoine et est également gérant d'une boutique de vêtements de sport. Il n'est pas question pour lui de tout laisser tomber pour le rectangle vert. « D'un côté, c'est vrai que nous avons besoin de plus de temps par rapport aux enjeux, au rythme des compétitions et à nos propres entraînements. Mais une carrière d'arbitre se termine à quarante-cinq ans. Tout consacrer à l'arbitrage, d'accord, mais après ? Je n'agirais pas en bon père de famille si je faisais ce choix. Lâcher une profession qui me plaît, qui est dans la continuité de mes études, ne serait pas raisonnable. Ou alors, il faudrait m'assurer une reconversion. Penser 100 % football, je n'en ai pas envie. Notamment parce que quand on fait une erreur flagrante, on a besoin de se changer les idées, d'avoir d'autres activités. Ne vivre que de notre arbitrage aurait à mes yeux des effets pervers. »

Le débat de la professionnalisation des arbitres est en tout cas ouvert. Leur statut évolue sans cesse, leurs revenus tentent de s'adapter de mieux en mieux à un milieu où valsent les millions. Dernière innovation spectaculaire, leurs maillots ne sont plus désormais vierges de toute publicité. Pour la première fois dans l'histoire, et après autorisation de la Fifa, le 30 novembre 2001, le conseil fédéral de la Fédération française a entériné un contrat de pub de quatre ans avec But, entreprise d'ameublement et d'électroménager. Un contrat de 9 MF (1,372 M€) pour la première année puis de 12 MF (1,829 M€) les trois années suivantes. Cette manne, les arbitres voulaient en profiter en priorité, comme l'explique Claude Colombo, un de nos meilleurs sifflets mais également professeur de sciences économiques : « Déontologiquement, nous étions contre, d'autant plus que nous n'avions pas été consultés ou associés à ce projet. Nous avons rejeté la première mouture car les royalties provenant de ce contrat de pub devaient atterrir à la Ligue nationale. Nous avons dit banco quand on a eu la garantie que ces revenus allaient revenir à l'arbitrage, notamment amateur. » Un fonds de développement et de formation de l'arbitrage a ainsi vu le jour, géré par une commission tripartite associant des représentants de la Fédération, de la Ligue, et des arbitres. Depuis le 19 janvier 2002, un petit logo carré de dix centimètres carrés orne ainsi les manches des maillots d'arbitre. Cela ne plaît pas à tout le monde. Ainsi, Marie-George Buffet, alors ministre communiste de la Jeunesse et des Sports, n'a pas accueilli cette évolution avec joie : « Il est difficilement concevable de transformer les arbitres en supports publicitaires sans changer le regard porté sur l'impartialité indispensable à leur mission. » Mais cette vision est désormais utopique, dans un monde où l'argent est roi. Les arbitres n'échappent pas à la grande distribution d'euros. Ce qui fait dire aux plus optimistes que les « filles de petite vertu » de l'époque Bez n'ont plus lieu d'être et font partie désormais de la légende du football...

20

Et dire qu'ils payent pour tous ceux-là...

Ce sont les meilleures de France, les frites de Félix-Bollaert. Moelleuses, croustillantes. A deux euros la barquette, ne pas y goûter serait un crime... Le car du RC Lens lâche sa précieuse cargaison devant l'entrée des artistes. Les stars El Hadji Diouf, fer de lance des Lions du Sénégal, Daniel Moreira ou Stéphane Pédron saluent leurs fans. Quelques frites s'échappent sur la dalle car les bras se sont tendus. Les écharpes sang et or volettent au-dessus des têtes chéries. C'est soir de match. De fête. Lens, petite commune du Pas-de-Calais, ne compte que 35 000 habitants. Ils sont 39 000 dans et autour du stade Bollaert ! En famille ou en solitaire, en bandes de copains ou en amoureux, les spectateurs ont attendu l'arrivée de leurs héros avant de s'engouffrer dans les entrailles d'un des plus beaux stades de France. Ils vont « pousser », les supporters lensois. Rénové en vue de la Coupe du monde 1998, Bollaert a perdu un peu en capacité d'accueil mais pas en chaleur humaine : il peut accueillir 41 649 personnes assises, ce qui le situe au 5e rang des stades français derrière le Stade de France de Saint-Denis, le Stade Vélodrome de Marseille, le Parc des Princes à Paris et le stade Gerland de Lyon. Le record d'affluence de la saison 1991-1992, 48 912 spectateurs pour Lens-Olympique de Marseille, ne peut plus être approché mais la ferveur est toujours la même, intense. Elle tétanise l'adversaire, galvanise les joueurs du Racing, porteurs d'espérance. Le quotidien n'est pas toujours rose, à Lens, mais tous les soucis s'évaporent avant d'entrer dans l'arène. Les places se payent de pas tout à fait 60 francs (9,10 euros) à 185 francs (28,20 euros) pour ce match de championnat contre l'ESTAC, le club de Troyes. Des tarifs que l'on peut considérer comme modérés mais qui grèvent, à la longue, les petits budgets. Et ils sont nombreux dans la région. Qu'importe, la passion transmise ici de père en fils ou fille l'emporte sur toute autre considération. Dans la tribune d'honneur, un billet coûte 272 francs (41,50 euros) mais les « vrais de vrais » sont ailleurs, noyés sous les drapeaux tricolores et les bannières sang et or. Pas très loin de la fameuse trompette qui sonne la charge, marque de fabrique locale depuis des années... Le RC Lens est un club riche et possède le quatrième budget de France en 2000 avec 280 MF (42,69 M€), en 2001 avec 233 MF (35,52 M€) ; sa moyenne de spectateurs dépasse les 38 000, guère moins que les grands « frères » anglais d'Arsenal ou Liverpool ; ses joueurs ont de gros salaires et de grosses voitures, comme partout ailleurs sur la planète football. Mais la plus grande force, la plus grande fierté aussi du Racing, ce sont ses supporters admirables dont certains se saignent aux quatre veines pour suivre partout leur équipe. Cliché ? Ailleurs peut-être, mais ici, en terre lensoise, jamais l'âme populaire n'a été galvaudée.

Gerland, 19 heures. Soir de match, aussi. Ambiance plus feutrée, « à la lyonnaise ». Dans un des plus anciens bars de supporters de l'OL, Francesco écluse les « mousses », comme il dit, entre amis. Il fête ses dix ans de fidélité à l'Olympique Lyonnais. Dix ans d'abonnement s'entend, car Francesco, qui va célébrer en septembre 2002 ses quarante printemps, est un habitué de la place depuis bien plus longtemps. Hiver 1976, match en retard du championnat de France au stade de Gerland. Lyon reçoit le TAF (Troyes-Aube-Football, l'ancien nom de l'ESTAC). Les deux équipes se traînent en queue de championnat de division 1. Serge Chiesa ou

Bernard Lacombe, les joyeux lutins lyonnais comme on les appelle à l'époque, ne pourront éviter un pitoyable 0-0 synonyme d'angoisses. Sous la pendule de Gerland, qui a disparu depuis des lustres, avant même la première rénovation du stade pour le championnat d'Europe 1984, Francesco était déjà là, engoncé avec quelques copains dans des sacs de couchage, à même le béton froid des gradins. Combien faisait-il ce soir-là ? Moins 5 °C, moins 10 °C ? Les retours du quartier de Gerland, dans le bus à soufflets numéro 13-18, une fois le match terminé, Francesco s'en souvient. Comme de ce fameux soir où, las d'attendre l'autocar municipal rouge et blanc, il avait fait du stop avec son copain Jojo. Un Portugais éméché les avait embarqués dans sa voiture sans âge pour un retour mémorable dans le 6e arrondissement... Francesco a aujourd'hui quarante ans, il est cadre dans une bonne entreprise lyonnaise, a trois enfants, une épouse aussi charmante que douce, et sa passion s'est organisée. « Je suis abonné à Jean-Bouin inférieur qui était, avant la reconfiguration du stade, la vie, les racines mêmes des vrais supporters, s'enflamme-t-il. Je suis resté fidèle à ce lieu mythique et pour rien au monde je ne me transférerais dans la tribune opposée, Jean-Jaurès, où la clientèle se compose d'industriels, de notables lyonnais. C'est le coin B.C.B.G. L'ambiance y est très morose. »

Francesco a toujours évolué dans un milieu aisé mais simple, attaché aux vraies valeurs. Loin de celles, ostentatoires, véhiculées par les nouveaux riches qui veulent absolument intégrer la vieille bourgeoisie lyonnaise. « Au sein de Jean-Bouin, nous formons un petit noyau de supporters aux activités très diverses : prof, cadre, huissier de justice, chômeur... Les autres supporters qui nous entourent sont aussi des gens très fidèles. Comme moi, ils ont parfois les mêmes places depuis dix ans. Il y a aussi une petite famille qui ne loupe aucun rendez-vous : un père très footeux, la femme qui suit et deux garçons de douze et quatorze ans. Et enfin un voisin " traditionnel ", présent à chaque rencontre, qui commente toutes les actions à voix haute. Il nous emmerde lorsque nous sommes fatigués, ou bien nous fait rire... »

Loin des ultras, dans le virage sud, ou des Bad gones, au nord, deux groupes à la réputation plus ou moins sulfureuse, le pouls de Gerland bat ici, au bas de la tribune Jean-Bouin. C'était vrai au temps de Fleury Di Nallo. Ça l'est encore aujourd'hui alors que Lyon a le plus gros budget de France et des stars internationales comme Sonny Anderson ou Edmilson. Pour Francesco, cette fidélité a un coût : « Avec un ami, nous prenons chaque saison trois abonnements, soit un et demi chacun. Ce qui nous permet d'inviter à chaque match une troisième personne. Le prix global de cet abonnement est de 1 410 francs (215 euros) environ. Ce prix est de moitié inférieur à Jean-Jaurès. Etre abonné représente beaucoup d'avantages : il n'y a pas de place à retirer au guichet, celle qu'on occupe est toujours la même et idéalement située ; elle nous permet d'assister à coup sûr aux grandes soirées style OL-Marseille, OL-PSG et bien évidemment, si un jour les Verts remontent en division 1, au fameux derby contre ces salopiauds de Stéphanois... Autre avantage : on suit de près l'évolution du jeu de notre équipe. Tout au long de la saison, cette approche permet de juger les orientations stratégiques de l'entraîneur. Et je suis très content que Jacques Santini parte en fin de saison car, depuis deux ans, l'organisation de l'OL était lamentable, s'effilochait au fil des matchs et ne permettait pas d'atteindre les espérances des supporters et de notre président, Monsieur Aulas. Seules les qualités techniques et individuelles des joueurs ont sauvé la mise ! » A Lyon, le public est, par tradition, difficile. Les saisons passent, le budget (453 MF, 69,06 M€ pour la saison 2000-2001, certainement 100 MF, 15,24 M€, de plus pour la saison qui vient de s'achever) et les ambitions s'épaississent mais la critique reste acerbe. Gervais Martel, le patron des présidents de clubs français, a plus de chance que son second, Jean-Michel Aulas, le boss de l'OL : à Lens, les supporters sont plus patients que les amoureux des gones.

Reste que les uns et les autres investissent tout au long de la saison pour encourager leur équipe. Retour du côté de Gerland, avec l'ami Francesco : « Dans une année, je dépense de 3 700 à 5 000 francs (564 à 762 euros) pour suivre l'OL. Je compte dedans les bières d'avant-match, les sandwichs achetés au stade (2 euros l'unité), plus quelques soirées qui se prolongent au restaurant, à la brasserie Georges, la seule ouverte à Lyon après minuit, où le prix moyen d'un repas est de 164 francs (25 euros). Grâce à mon abonnement, j'ai des réductions pour les matchs de Coupe d'Europe. Cette année, par exemple, j'ai payé 459 francs (70 euros) pour les matchs du premier tour de la Ligue des champions. L'année dernière, je suis parti en avion à Londres pour le deuxième tour. Prix avion + billet au stade : 1 050 francs (160 euros), plus 250 francs dépensés dans les pubs avant le match... Mais je considère que le football revient bien moins cher que la Formule 1, par exemple, qui est mon autre passion. Quand je prends mon camping-car pour passer le week-end à Magny-Cours lors du Grand Prix de France, du vendredi au dimanche, jour de la course, cela me coûte environ 3 279 francs (500 euros) ! »

Comme tout fan fidèle, qu'il soit de Lyon, de Nantes ou de Bordeaux, Francesco regrette le manque de rapports entre les dirigeants et les supporters, ainsi que l'évolution du foot : « Trop d'argent pourrit tout, et notamment le rendement des joueurs sur le terrain, d'où la nécessité d'avoir un coach avec une poigne de fer. Ainsi, notre ami " Super Govou " [le jeune attaquant de l'OL et international espoir, Sidney Govou] passe souvent des soirées à Lyon, boit comme un trou, fait une bringue d'enfer et, parfois, a du mal à se bouger lors des matchs. Cette dérive argent / facilité de vie / star-système n'est pas très compatible avec les résultats que l'on attend tant du club que du sportif lui-même. Mais ce dernier ne s'en rend même pas compte. Le coût des transferts n'est pas en soi aussi monstrueux qu'on le dit mais le salaire annuel des joueurs auquel s'ajoutent parfois des cachets publicitaires énormes, est assez hallucinant. Contre-exemple, un Michael Schumacher gagne énormément d'argent et continue à faire correctement son travail tout en jouant à chaque grand prix avec sa vie ! Et puis, au-delà des joueurs, il y a les dirigeants : ils ne pensent qu'au business et à multiplier leur gain. Ils délaissent certainement trop la vie des clubs et font progressivement disparaître l'esprit de sportivité. Pas étonnant que les jeunes joueurs n'aient plus le respect de leur sport ! »

C'est vrai, le monde du foot devient de plus en plus fou. La démesure menace de faire exploser tout le système. Il y a crise, assurément, dans tous les championnats prestigieux d'Europe. En Afrique. En Amérique du Sud. Des clubs vont certainement payer cher la mauvaise gestion de dirigeants sans scrupule et seront emportés, comme eux, par la tourmente, engloutis par des flots d'argent sale. Mais le football a déjà surmonté beaucoup de crises. Le ballon n'a jamais cessé de tourner. Parce que, au-delà des apprentis sorciers, il y a toujours eu et il y aura toujours des papas pour mettre la main au portefeuille et emmener leurs enfants au stade. Il y aura toujours des gosses émerveillés pour crier sur leurs épaules : « Allez Lens ! » « Visca Barça ! » ou « Forza Inter ! » Enfin, on l'espère.

Conclusion

Et pour demain ? Pourquoi ne pas rêver à un avenir radieux ? Le rêve ? Des clubs français aux finances assainies font leur retour sur le devant de la scène européenne, grâce à une harmonisation des règles fiscales et sociales sur le Vieux Continent et à une réforme de leur statut. Les meilleurs joueurs, issus d'un système de formation toujours aussi pointu et efficace, n'ont plus besoin de s'expatrier pour mieux gagner leur vie. Les jeunes espoirs hyperdoués font des choix de carrière plutôt que d'aller au plus offrant pour se remplir les poches le plus vite possible, mal conseillés par des impresarios véreux. Les télés de l'Hexagone continuent à se montrer généreuses, sans dépasser leurs possibilités et sans imiter leurs consœurs étrangères. Le rêve encore ? La Ligue des champions en revient à la formule plus spectaculaire de l'élimination directe dès après le premier tour de poule. Le niveau du championnat de France remonte, le spectacle est de nouveau au rendez-vous, mais les plus riches continent d'être solidaires des plus pauvres et des amateurs. Les agents sont mieux encadrés et leurs activités mieux contrôlées. Les clubs deviennent plus sages en matière de transferts, et présidents, entraîneurs et directeurs sportifs cessent d'être juges et parties dans ces affaires. Les stars continuent de s'enrichir parce que ce sont elles qui font vibrer et gagner, mais le joueur moyen est payé à sa juste valeur, sans craindre le chômage. Et les arbitres obtiennent enfin l'aide de la vidéo.

Ça ne coûte rien de rêver, surtout par les temps qui courent. Les semaines et les trois mois à venir s'annoncent agités. Crise à Canal Plus et donc inquiétudes au PSG, enquêtes judiciaires à Marseille, grave déficit des clubs français qui n'ont pas grand-chose à attendre de bon des prochaines renégociations des droits télé. C'est pire à l'étranger où les faillites de plusieurs chaînes risquent de mettre à l'agonie des clubs déjà très mal en point. Le G14 étudie de plus en plus près un plafonnement des masses salariales, une mauvaise nouvelle pour les professionnels lambda. Les rumeurs concernant la création d'un superchampionnat d'Europe des clubs, ligue fermée à l'américaine sans rétrogradation, avec un système de « franchises », sont toujours d'actualité. C'est aussi la guerre entre la Fifa, où le président Sepp Blatter est en grande difficulté, et l'UEFA, pour des questions de gros sous.

On va encore beaucoup parler d'argent parce que le football est ainsi fait aujourd'hui. Mais l'espoir demeure qu'il ne finisse pas par pourrir ce jeu simple et merveilleux qui fait rêver des milliards de gens à travers la planète.

Annexes

COÛT DES JOUEURS POUR LES CLUBS

*(cas d'un joueur résidant fiscal d'un de ces pays,
célibataire et sans enfants à charge)*

JOUEUR INTERNATIONAL	France	Allemagne	Espagne	Italie	Angleterre
Net en poche annuel (en euros)	1 800 000	1 800 000	1 800 000	1 800 000	1 800 000
Salaire brut annuel	4 302 184	3 675 687	3 442 621	3 354 776	2 986 487
Coût total club	5 728 891	3 682 519	3 453 090	3 370 741	3 341 879
Rapport Base 100	100	64,3	60,3	58,8	58,3

JOUEUR MOYEN D1	France	Allemagne	Espagne	Italie	Angleterre
Net en poche annuel (en euros)	219 590	219 590	219 590	219 590	219 590
Salaire brut annuel	480 000	439 116	403 275	399 772	352 496
Coût total club	669 063	445 949	413 744	414 791	394 444
Rapport Base 100	100	66,7	61,8	62,0	59,0

BON JOUEUR D2	France	Allemagne	Espagne	Italie	Angleterre
Net en poche annuel (en euros)	96 513	96 513	96 513	96 513	96 513
Salaire brut annuel	180 000	187 100	166 588	170 899	147 367
Coût total club	261 733	193 933	176 719	185 545	164 904
Rapport Base 100	100	74,1	67,5	70,5	63,0

Source : Deloitte & Touche

TOTAL DES CHARGES D'EXPLOITATION

(saison 1998-1999)

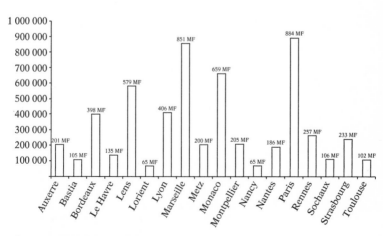

Source : LNF-DNCG 19/10/00

ÉVOLUTION DE LA MASSE SALARIALE BRUTE

La masse salariale brute atteint 1,963 milliard de francs (299,26 M€) à la fin de la saison 2000-2001 soit une augmentation de 22 % par rapport à la saison précédente.

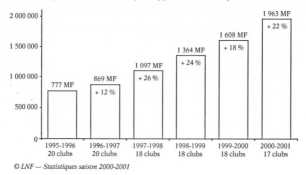

ÉVOLUTION DE L'ENDETTEMENT

L'endettement, correspondant au total des dettes diminué de l'actif circulant, atteint 1,935 milliard de francs (294,99 M€) à la fin de la saison 2000-2001.

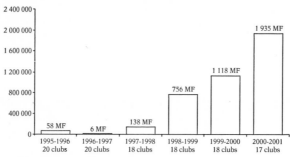

COMPÉTITIVITÉ SPORTIVE
JOUEURS INTERNATIONAUX

COMBIEN D'INTERNATIONAUX N'ÉVOLUAIENT PAS DANS LEUR CHAMPIONNAT NATIONAL LA SAISON DE L'EURO 2000 ?

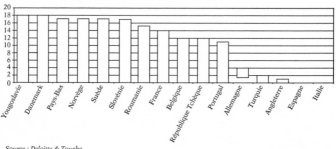

Source : Deloitte & Touche

Table

Cet ouvrage a été composé par
Graphic Hainaut (Condé-sur-l'Escaut)
et imprimé sur presse Cameron
par **Bussière Camedan Imprimeries**
à Saint-Amand-Montrond (Cher)
pour le compte des éditions Plon
en avril 2002

N° d'édition : 13507. — N° d'impression : 021951/1.
Dépôt légal : avril 2002.
Imprimé en France